As Oito Vidas de Ana Carolina

Memórias em Regressão a Vidas Passadas

As Oito Vidas de Ana Carolina

Memórias em Regressão a Vidas Passadas

1ª Edição – 2019

J. A. Olivato

A. C. Dutra

Projeto Gráfico, Diagramação e Preparação

José Archangelo Olivato e Bruna Drieli Silva Olivato

Capa

Borboleta Diaethria anna – conhecida como Anna 88

Foto de Júlia Olivato

Montagem de J.A. Olivato

Impressão

Olivato, José Archangelo

Dutra, Ana Carolina

As Oito Vidas de Ana Carolina – Regressão a Vidas Passadas – 1ª ed. – Porto Ferreira: IPP Editora, 2019.

Índice para Catálogo Sistemático

1. Hipnose
2. Regressão a Vidas Passadas
3. Espiritualismo

A meus filhos Gabriel e Júlia, a minha enteada Hadassa, mas em especial a minha filha Maria Clara, sem a qual nada disso teria sido possível.

A minha querida e amada esposa Bruna, pelos incentivos e paciência.

A meus pais e irmãos, meus primeiros companheiros de jornada terrena, com quem tenho dívida eterna e impagável.

A Ana Carolina, pela confiança e parceria, e a seu noivo Carlos, pela amizade e apoio incondicionais.

J. A. Olivato

A meus pais, Rita e Luiz, e a meu irmão Luiz Otávio, sem os quais eu não seria quem sou. Ao meu noivo Carlos, pelo carinho, paciência e companheirismo ao longo deste projeto.

Ao Professor Archangelo, pela parceria, por todo conhecimento compartilhado e principalmente por me apresentar a essa experiência incrível.

Aos bons amigos, que dividem comigo essa existência e a todos que de alguma forma sabem que também carregam muitas vidas no coração.

Ana Carolina

SUMÁRIO

Prefácio

Os autores deste livro são pessoas comuns, como você e eu. Ana Carolina é professora de Biologia e médica veterinária. José Archangelo Olivato é oficial de justiça, professor e hipnoterapeuta.

Juntos passaram pelas experiências aqui relatadas e escreveram este livro para levar o leitor a uma viagem através dos séculos, para vidas passadas, vidas revividas por Ana Carolina por meio da hipnose em sessões de Regressão a Vidas Passadas.

Em oito sessões, realizadas sob o comando do professor Archangelo – como ela o costuma chamar – a jovem Ana Carolina viajou pelo túnel do tempo em busca das memórias de suas vidas passadas e, como que por magia, foi levada para oito vidas distintas.

Foi produtora de vinho e presenciou fatos históricos importantes na Espanha. Na Suécia, foi perseguida por tratar de doentes e enfermos. Na Escócia, viveu como serviçal em um castelo medieval. Na França, foi esposa de militar e mãe. Na Grécia, na vida simples em meio aos afazeres domésticos, o destino se mostraria de maneira surpreendente. Nessas vidas, conversou em inglês, francês, italiano, espanhol; pronunciou palavras em sueco, grego e holandês sem conhecimento prévio dessas línguas.

Cada uma dessas regressões está aqui detalhada em vinte e dois capítulos e cada vida conta com os comentários da própria Ana, que traz ao leitor suas impressões pessoais, aquilo que a gravação não pode captar, coisas do coração e da alma.

Mas qual a origem dessas lembranças? Afinal, quem ou o que somos e de onde viemos? Vivem-se muitas vidas realmente ou tudo é apenas fruto da imaginação ou fantasias dos neurônios? Reencarnação existe?

De qualquer forma, ainda que se deixe de lado a origem exata dessas memórias, os relatos de Ana acerca dessas vidas impressionam pela riqueza de detalhes, pelos fenômenos demonstrados e pelos fatos históricos relatados.

Por fim, ao publicar este livro, queremos compartilhar com o leitor tudo o que presenciamos, além de convidá-lo a fazer uma viagem de descoberta, cercada de mistérios, os quais, talvez, só a imortalidade da alma pode explicar.

I

A Primeira Regressão

Quando o ano de 2018 mal havia começado, como faço todos os semestres, iniciei mais uma turma de meu curso preparatório para concursos públicos e uma das alunas era Ana Carolina. Acompanhada de seu noivo, buscavam aprovação e melhor condição de trabalho oferecida pela carreira pública.

Ao final das aulas, muitas vezes nos entretínhamos em conversa amistosa sobre estudo, aprendizado e assuntos da mente. Foi numa dessas ocasiões que Ana Carolina confessou sofrer lapsos de memória diante de questões de matemática. Conhecedor dos pequenos traumas que permeiam nossa existência, notadamente na infância, expliquei-lhe que, em determinadas situações, nosso subconsciente guarda memórias emocionais latentes, as quais inadvertidamente vêm à tona, causando bloqueios e limitações em nossa capacidade e desenvoltura, com as quais nossa mente consciente não é capaz de lidar.

Com seu consentimento, ali mesmo em sala de aula, realizamos nossa primeira sessão de regressão, na esperança de encontrarmos algum episódio que lhe pudesse ter causado os bloqueios que agora experimentava. Assim, Ana Carolina foi capaz de voltar ao tempo de escola e se viu em sala de aula, criança ainda. Viu seus coleguinhas de classe, o professor, as carteiras escolares, as cortinas, tudo com tamanha nitidez que lhe seria impossível dizer que ali não se encontrava.

Nesse contexto, vivenciou momentos de angústia e apreensão ao se ver diante de uma prova de matemática incompleta, questões resolvidas pela metade, uma nota vermelha estampada no canto superior direito da folha. Num segundo, a vergonha experimentada deu lugar ao medo de mostrar a prova aos pais. Que diriam eles? Por que deixou todas as questões incompletas?

Entendi de pronto o efeito negativo que a experiência lhe havia causado. Sua mente infantil tinha assimilado a ocorrência de forma tão profunda e marcante que, toda vez que se via diante de questões de matemática, o mesmo frio na barriga, a mesma vergonha e o mesmo medo ressurgiam. O resultado não poderia ser outro, que não o bloqueio mental que experimentava e a sensação de incapacidade.

De posse dessas informações, por meio de técnicas aprendidas na prática e no estudo cuidadoso, dei-lhe sugestões transformativas, e, desde então, Ana Carolina não mais apresentou aqueles efeitos negativos.

II

A Segunda Regressão

Na primeira sessão de regressão, em que Ana tratou da ansiedade que sentia durante as provas de matemática, percebi o quanto ela respondia bem à hipnose. Em estado de transe, Ana responde bem a todos os testes da constelação hipnótica, acessando um grau bastante elevado de fenômenos.

Ao iniciar a segunda sessão de regressão, pedi que Ana se sentasse no sofá e, depois de induzi-la ao transe e de aprofundá-lo convenientemente, dei início ao processo de regressão :

- Ana, dentro de instantes, a cada vez que eu estalar meus dedos, você voltará ano após ano, a partir de sua idade atual. Você tem vinte e oito anos de idade e vai regredir, voltar para os seus vinte e sete anos... agora, vinte e seis... e continuará nesta contagem regressiva, até chegar aos dezenove anos de idade.

- Qual seu nome? - Questionei, assim que terminei a contagem.

- Ana Carolina - respondeu depois de breve pausa.

- Qual sua idade atual, Ana? - Perguntei novamente.

- Tenho dezenove anos - respondeu imediatamente.

-Você tem namorado?

- Sim, tenho.

- E seu namorado está sentado ao seu lado?

Como havíamos conversado muito em outras ocasiões, eu sabia que, por volta dos dezenove anos, Ana ainda não mantinha um relacionamento com seu atual noivo.

- Não, de maneira alguma, somos apenas colegas de sala de aula - respondeu ela, quase que prontamente.

- Vocês não são namorados, então?

- Somos apenas bons amigos, colegas de sala, frequentamos o mesmo curso e viajamos juntos - insistiu Ana na resposta.

- Que você acha dele?

- Este meu colega? Ah, ele é um pouco chatinho - disse Ana, em tom claro de brincadeira.

Como minha intenção era buscar memórias mais antigas, propus a ela que voltasse ainda mais no tempo, para os seus quinze anos de idade, exatamente no dia de seu aniversário.

- Voltemos ainda mais no tempo, Ana. Agora você vai voltar aos seus quinze anos de idade. Vou fazer uma contagem regressiva de dezenove até quinze e você vai se ver transportada para esse tempo.

– Onde você está? – Perguntei, assim que terminei a contagem.

– Estou em casa – respondeu ela, olhando para os lados.

– O que você está fazendo agora? – Indaguei, curioso.

– Estou em casa com minha mãe, estamos preparando uma festa, ela vai ligar e pedir um bolo para logo mais à noite. Vamos receber umas amigas da escola, é meu aniversário!

– Ah, sim, seu aniversário, quantos anos?

– Quinze anos.

– Parabéns pelo seu aniversário, Ana, que você seja muito feliz!

– Muito obrigada! – Respondeu, com um lindo sorriso nos lábios.

Vendo que Ana respondia bem à regressão, dei-lhe sugestões de segurança, as quais consistem em fazê-la ver-se num lugar tranquilo e calmo.

– Ana, quando eu tocar sua mão esquerda, você estará em um lugar à sua escolha, um lugar que lhe transmita calma e segurança, onde nenhum mal ou dor possa lhe atingir e para onde voltará todas as vezes que eu tocar em sua mão e disser estas palavras: vá para aquele lugar calmo e seguro!

– Está bem – respondeu ela, com um leve movimento de cabeça.

- Ana, agora, você vai voltar ainda mais no tempo, para a época em que tinha apenas cinco anos de idade. Vamos, agora você tem quatorze anos...

Assim, prossegui a contagem, até que atingisse a idade de cinco anos. Em seguida, continuei nosso diálogo:

- Qual seu nome?

- Carol - respondeu prontamente, mas com uma inflexão de voz bem infantil, diferente daquela da Ana adulta.

- Quantos anos você tem, Carol?

- Cinco anos - respondeu erguendo a mão e mostrando os dedos da mão direita.

- Ah, cinco aninhos, muito bem, você vai à escolinha?

- Sim - respondeu com um aceno de cabeça.

- Onde você estuda?

- Maria Amélia.

Maria Amélia é o nome da escola municipal infantil onde frequentou as aulas até os cinco anos de idade, onde também estudaram meus filhos.

- Você gosta da escolinha? - Perguntei, para dar continuidade ao nosso diálogo.

- Sim - respondeu prontamente.

- Quem é sua professora?

- Tia Márcia!

- Ah, Tia Márcia? Ela é ruiva, não é?

Evidentemente eu a conhecia, pois ela também havia sido professora de meus filhos.

- Sim, é sim!

- Você gosta do cabelo dela?

- Sim, tem cabelo vermelho, gosto muito.

- Que legal! Está tudo bem com você?

Como é bastante comum durante sessões de regressão o paciente acessar espontaneamente lembranças marcantes e, às vezes, indesejáveis, eu queria certificar-me de que esse não era um desses momentos. Caso contrário, acionaria o gatilho de segurança que mencionei há pouco. Assim, tendo Ana dito que estava tudo bem, decidi levá-la ainda mais longe naquela regressão, fazendo-a voltar ao primeiro dia de vida.

- Agora, Ana, você vai voltar para o primeiro dia de sua vida aqui na Terra, para o seu primeiro aninho de vida. Isso. Agora! Onde você está?

- Estou com minha mãe, meu pai, minha avó e aquela acho é minha tia. Estou no quarto pela primeira vez, vou ver mamãe.

- Você consegue enxergá-la?

- Não claramente, vejo tudo embaçado.

- É natural que seja assim, afinal, você só tem um dia de vida. Você consegue sentir a alegria de sua mamãe?

- Sim, consigo, eu também estou muito feliz.

- Consegue ouvir a voz dela?

- Sim, consigo, claro.

– Dentro de instantes, Ana, você vai voltar para o ventre materno, com apenas seis meses dentro da barriga de sua mãe.

– Ana, você ainda é capaz de escutar a voz de sua mãe?

– Sim, escuto – respondeu Ana.

Assim que lhe dei a sugestão, percebi leve modificação em sua respiração e em suas feições. Ao acessar lembranças do período de gestação, é comum o paciente assumir a posição fetal e, por vezes, não conseguir se comunicar verbalmente. Por isso, até mesmo antes de avançar na regressão, procuro obter respostas ideomotoras, as quais consistem em estabelecer comunicação com o paciente hipnotizado por meio de respostas sim e não que ele dá através de movimentos simples, como mexer o dedo indicador da mão direita para a resposta sim e indicador da mão esquerda para não, ou, até mesmo, um leve aceno de cabeça em alguns casos. Portanto, Ana já estava preparada para dar esse tipo de resposta, em caso de necessidade. Foi assim que respondeu afirmativamente ao meu questionamento.

Foi aí que me dei conta do adiantado da hora e, portanto, precisávamos deixar esse período de sua existência para trás e voltar ainda mais no tempo e no espaço, procedimentos que detalharemos no capítulo IV.

III

Hipnose e Regressão, nas palavras de Ana Carolina

Se me perguntassem há alguns meses sobre hipnose ou regressão a vidas passadas, nem saberia o que dizer. Sinceramente, nunca tive contato ou interesse maior no assunto. O que eu sabia era aquilo que se vê em programas de televisão ou pela internet, nada mais. E jamais passou pela minha cabeça que funcionaria comigo! Talvez por isso tenha me surpreendido tanto.

Meu primeiro contato com a hipnose foi com o professor Archangelo. Numa noite, logo depois do término de nossa aula, ele me perguntou se seria de meu interesse ser submetida à hipnose e à regressão. Curiosa, concordei prontamente, mas eu não tinha a menor ideia de como fazer aquilo. Foi então que ele me convidou a sentar no sofá. Conversamos rapidamente e, sem que eu percebesse, já estava em transe. Senti um relaxamento profundo e, à medida que ouvia sua voz, mais me desligava de mim mesma. Cheguei a me perguntar como tudo aquilo era possível, mas o professor não tardou em dar-me explicações, detalhando cada passo de tudo que ia acontecendo.

Numa noite, logo depois da aula, quando conversávamos sobre nosso curso, estudo e aprendizado, ele sugeriu que eu passasse por uma regressão, em busca de lembranças de algum momento no passado que pudesse ter causado algum trauma de aprendizado. Instantes antes, eu lhe havia relatado o incômodo que sentia diante de provas de matemática, tendo ele afirmado que já tinha notado algo em mim nesse sentido.

Assim, aceitei a sugestão de passar pela hipnose sem hesitar, afinal, eu estava bastante curiosa. Como estava de pé, o professor convidou-me a sentar numa das poltronas ali da sala, com meu noivo ao meu lado. De início, o professor pediu que eu olhasse fixamente em seus olhos e, à medida que falava comigo, percebi que sua voz me levava para algum lugar para fora de mim mesma e, subitamente, tive a visão de um lugar escuro e calmo. Porém, isso não durou muito, porque comecei a ter lampejos de lembranças de momentos da minha vida, imagens da adolescência e infância, de cada momento vivido. Em dado instante, ele pediu que eu procurasse pela primeira vez em que eu havia sentido alguma frustração com a matemática e, aí, uma imagem começou a se formar diante de meus olhos. Vi-me sentada na sala de aula, na sexta série. Que incrível! Vi a sala, o professor de matemática, lembrei-me de seu nome, vi meus coleguinhas de sala de aula, as cortinas. Tudo era tão real para minha mente! Até mesmo os sons e cheiro do ambiente estavam presentes. Meu Deus, como tudo aquilo era possível? Senti o cheiro do estojo de madeira, vi-me de volta à sala de aula. Como fui parar naquele exato instante? Como eu conseguia ver aquela cena e observar-me ali sentada? Foi então que percebi que, aos poucos, a imagem se aproximava e, sem que eu tivesse qualquer domínio sobre a situação, fui atraída para aquele corpo de criança. Pude sentir o medo, a surpresa e decepção de ver uma prova de matemática corrigida e uma nota vermelha estampada em letras garrafais. Apossou-se de mim um sentimento de tristeza e frustração enormes. Como eu havia deixado todas as questões resolvidas pela metade? Imediatamente um sentimento de vergonha e medo tomou conta de mim. Senti meus olhos lacrimejarem. É claro que o professor se deu conta daquela situação. Então, pediu que meu eu adulto fosse em socorro daquela menina, com o fim de consolá-la, de dar-lhe força, transmitir-lhe paz e segurança. Pediu que eu mostrasse a mim mesma que aquele momento já havia passado e que eu havia conseguido, agora já adulta, superar todas as dificuldades e medos. Em seguida, pediu que eu viajasse para o futuro e me visse realizada familiar e profissionalmente. Obedeci, sem questionamentos. Ao final da sessão, abri meus olhos e uma sensação de paz e segurança indescritível tomou conta de mim.

Foi nesse instante que o professor sugeriu voltarmos ainda mais no tempo, para períodos anteriores a esse episódio em sala de aula e, talvez, para além da vida presente.

Bem, claro que tudo me pareceu um tanto fantástico. Lembranças de outras vidas? Que incrível! Seria realmente possível?   Sempre acreditei em vidas passadas, mas nunca imaginei que seria possível resgatar alguma lembrança de uma delas. Seria possível que eu conseguisse me lembrar de alguma? Minha reação foi quase imediata: por que não tentar? Porém, tudo isso ficaria para outra ocasião. Já era tarde e meu noivo tinha de acordar bem cedo no dia seguinte. Assim, despedimo-nos e regressamos para casa.

No dia seguinte, passei o dia todo com aquela lembrança, os momentos da infância, a sala de aula, tudo enfim e aquelas memórias me faziam muito bem e eu não via a hora de chegar a noite, para experimentar um pouco mais daquela sensação.

Finalmente, depois da aula, sentei-me no sofá que existia ali mesmo na sala e conversamos, o professor, meu namorado e eu sobre a noite passada. Perguntou-me se eu tinha dormido bem, se havia algo que eu gostaria de lhe contar e respondi apenas que estava ansiosa pela nova experiência com regressão.

Mais uma vez, sem que eu percebesse, já estava em transe. Tudo se fez escuro e calmo, como da noite passada. Sentia minha mente focada na voz do professor. Aos poucos, lembranças foram surgindo. Ele sugeriu uma contagem regressiva e, à medida que contava, via passar por minha mente lembranças de toda minha vida de forma bastante rápida. Paramos por um momento aos quinze anos. Vi-me mais nova, em casa, ao lado de minha mãe, preparando minha festa de aniversário. A imagem foi se aproximando e mais uma vez entrei dentro de mim mesma. Senti-me realmente uma adolescente. Sentia as mesmas expectativas, memórias, sentimentos e a espera para que logo mais à noite eu recebesse minhas amigas de escola para cortar um bolo.

Não fiquei muito naquele período de minha vida, porque logo a seguir, ouvi o professor dar-me uma sugestão para eu voltar ainda mais no tempo. Dessa vez os anos se passaram ainda mais rápido e, de repente, vi-me com cinco anos de idade. Eu estava na escolinha primária, em sala de aula, bem pequena, de uniforme vermelho e branco e, à frente, a querida professora Márcia. Como seria possível que eu estivesse sentindo o cheiro de lápis de cor e vendo minhas mãos manchadas de canetinha? Eu dialogava com o professor, mas não como adulta, eu era uma garotinha tímida de cinco anos de idade!

Depois dessa experiência, de volta à contagem regressiva, fui para o meu primeiro dia de vida. Uma nova imagem se formou e vi minha mãe no quarto do hospital, quarto de número onze. Segurava-me em seus braços quentes e aconchegantes, eu envolta em uma manta branca. Meu pai ao lado, orgulhoso e nervoso ao mesmo tempo, eu podia senti-lo. Minha avó materna também estava ali. Todos se postavam ao lado da cama de minha mãe naquele quarto simples, duas camas, algumas mesinhas. Na outra cama, uma mulher sentada, devia ser minha tia e, aos poucos, as lembranças e visões ficaram mais nítidas e fui atraída para dentro daquele corpinho de bebê, passando a enxergar tudo com os olhos anuviados daquele ser pequenino. Foi emocionante ver o rosto de minha mãe ainda jovem, o calor e conforto do colo, o cheiro doce de sua roupa e a sensação de perceber tudo muito grande em volta de mim.

Deixando essa lembrança para trás, o professor Archangelo continuava a conversar comigo, sua voz parecia distante, dizia para eu voltar ainda mais no tempo, de regresso às lembranças do útero materno. A imagem agora era de um lugar escuro, embora eu percebesse luzes fracas ao meu redor. Sentia-me confortável e protegida. Havia um som abafado tapando meus ouvidos. Sentia minhas mãos fechadas e meu coração bater. Continuava ouvindo a voz do professor a distância e, de repente, essa lembrança também ficou para trás. Passei a ouvir sons de forma clara e me encontrava mais uma vez naquele meu lugar escuro e calmo, sinal de que o professor me fizera sair daquela memória. Em seguida, ao comando de voltar ainda mais no tempo, vi-me num corredor, repleto de portas e, ao abrir uma delas, fui transportada para outra vida, um lugar totalmente desconhecido para mim.

IV
Catharina

Depois de voltar ao útero materno, achei que já era hora de levar Ana para além desta vida. Devo dizer que eu estava bastante curioso. Eu já tinha realizado muitas sessões de regressão e sabia que nem todas as pessoas conseguiam ir para além da vida presente.

– Voltemos ainda mais no tempo, Ana, desta vez para um passado ainda mais distante. Viajemos dias, meses, anos, séculos talvez, quem sabe? E, para isso, você vai se ver dentro de um túnel, um túnel do tempo.

– Não consigo ver nada, tudo está escuro – respondeu.

Percebendo sua dificuldade, algo comum na primeira regressão, sugeri a ela então outra imagem, que lhe fosse mais favorável. Pedi-lhe que visse um corredor e, nele, muitas portas, cada uma delas representando uma vida diferente.

– Vamos lá, voltemos no tempo. Para isso, você se verá num corredor, com muitas portas, uma para cada vida. Escolha uma delas, aquela que mais lhe agradar, coloque-se diante dela.

Ana suspirou profundamente. Vi seu semblante modificar-se.

– Abra-a! – Pedi.

– Não consigo, sinto medo – respondeu Ana, olhos sempre fechados.

– Que tal juntos? Dê-me sua mão – disse-lhe eu, para acalmá-la.

Imediatamente dei-lhe a mão, segurando-a firmemente.

– Abra a porta, ou melhor, vamos abri-la juntos. Um... dois... três. Pronto!

– Onde você está? – Perguntei, assim que percebi que sua respiração tinha ficado mais profunda.

– Vejo uma ponte. Uma praça talvez, muitas pessoas. Estou carregando uma cesta.

– E o que leva nessa cesta?

– Vou fazer compras – disse ela.

Em procedimentos de regressão a vidas passadas, é bastante comum que as lembranças venham aos poucos e, por isso, a fala fica mais pausada, razão pela qual sempre aguardo alguns segundos pela resposta. De qualquer forma, essa demora em responder pode variar de pessoa para pessoa. Além disso, há que se considerar cada indivíduo de forma diferente, porque nem todos respondem aos mesmos estímulos no mesmo tempo ou modo. Lembro-me de uma vez em que, ao fazer o processo de regressão com uma jovem senhora, quando eu lhe perguntava sobre as visões que tinha, pedindo para relatar-me tudo o que era capaz de ver, respondia que não via nada. Só depois de algum tempo fazendo aquela regressão e que descobri que, naquela vida passada, ela era cega e, portanto, não enxergava e, por isso, ser-lhe-ia difícil dizer o que via naquela vida.

Essa forma bastante literal de interpretar o que se fala a um paciente em transe é bastante comum nas pessoas hipnotizadas e há que se estar atento ao que se lhe diz, porque corre-se o risco de ele entender literalmente as palavras.

- Você sabe dizer onde você está? - Perguntei, dando continuidade à nossa conversa.

- Estou numa cidade, numa praça, creio eu. Há muitas pessoas - respondeu, olhando de um lado a outro, parecendo ver as pessoas à sua volta.

- Qual seu nome?

- Não sei... não sei.

- Tente se lembrar da primeira letra de seu nome.

Fiz-lhe a pergunta, ao mesmo tempo em que lhe tocava repetida e levemente a testa, a fim de dar-lhe um estímulo às lembranças.

- C, a primeira letra é C. lembrei, chamo-me Catharina - disse por fim, entusiasmada.

- Catharina, muito bem.

- Você sabe em que país está, qual língua fala?

- Acho que Portugal, falo português, mas um pouco diferente.

- Qual sua idade?

- Acho que uns dezessete anos, não mais que isso.

- Mora com seus pais?

- Sim, com eles.

- Você consegue ver o ano em que está?

- Não sei dizer.

- Vá até um ambiente fechado, sua casa, um comércio talvez, consegue ver algum calendário?

Eu tentava localizar a época em Catharina se encontrava. Porém, nem toda abordagem que tentamos produz o efeito desejado.

- Não, só vejo a praça, há uma ponte, tenho de atravessá-la. A comida não é boa - respondeu Ana, atendo-se àquilo que lhe afligia naquele momento.

Na sequência, decidi lançar mão de uma técnica bastante útil para se obter respostas mais rápidas do paciente, ou seja, conversar com Ana Carolina diretamente, mesmo ainda mergulhada nas lembranças de outra vida. Para isso, disse-lhe que lhe tocaria um dos pulsos e que ela conseguiria conversar comigo.

- Ana, quais são suas impressões? Que está acontecendo? - Perguntei, tocando-lhe o pulso direito.

- Nossa, gente! É demais isso! Consigo ver e sentir as roupas que ela veste. Tem uma espécie de laço aqui em cima próximo ao pescoço e algo que aperta aqui no peito - disse, apalpando-se e sorrindo, surpresa.

- Seria um espartilho? - Perguntei.

- Acho que sim, mas tem essa coisa, esse laço que me incomoda. Gente, que coisa esquisita! Sinto isso me incomodando ainda agora.

Era interessante notar a diferença. Desperta, Ana conversava em outro ritmo e podia dar mais detalhes.

- Ana, conte mais sobre Catharina - pedi-lhe, de forma que desse continuidade ao nosso diálogo.

- Ah, ela é jovem. Vejo uma cidade, não sei se grande ou pequena, mas vejo ruas de pedra, muito movimento, acho que ela está indo buscar algum alimento. Ainda sinto o peso da cesta que ela carrega. Ela está atravessando uma ponte para chegar a uma espécie de feira.

- Você vê automóveis, Carol? - Perguntei, porque a presença de automóveis, de certa forma, daria uma ideia aproximada da época em que tudo acontecia.

- Não, cavalos apenas. Gente, que coisa impressionante! Eu sou doida mesmo! Onde já se viu? De onde vem tudo isso?

Devo dizer que era muito divertido conversar com Ana. Suas observações, muita vez, provocava risos em mim e em Carlos, seu noivo também presente à sessão.

- Ana, quando eu soltar seu braço, você retornará para a vida de Catharina. Isso, agora.

De retorno a Catharina, Ana Carolina passa a tocar seu abdômen, reclamando da comida. Então, decidi levá-la aos seus últimos instantes de vida, desse modo talvez lhe fosse possível fazer um resumo de toda essa vida.

- Catharina, contarei até três e tocarei em seu ombro e você irá para seus últimos instantes de vida e poderá nos dar mais detalhes sobre essa sua existência - disse-lhe, à medida que realizava a contagem. Em seguida, perguntei, para certificar-me de que estava conversando com Catharina e não com Ana Carolina, chamei-a pelo nome:

- Catharina?

- Sim - respondeu Ana, com expressão visível de sofrimento em seu rosto.

- O que se passa com você?

- Não estou bem - disse Ana, apalpando a região do abdômen.

- Você sabe o que está acontecendo com você?

- Acho que é a comida daqui, é muito ruim.

- Qual sua idade? - Perguntei, na tentativa de dar outro rumo à conversa, para não lhe causar sofrimento.

- Tenho quarenta e dois anos.

Sua voz era fraca, parecia que agonizava em seus últimos instantes naquela existência e, por isso, resolvi abreviar-lhe o sofrimento e pôr fim à sessão.

- Agora, Catharina vai deixar essa vida. Com a morte, ficam para trás todas as experiências negativas e estamos prontos para seguir nosso caminho em direção à luz. Por hora - continuei - você vai voltar vagarosamente para a vida presente em que Ana Carolina tem vinte e oito anos de idade e vai recobrar sua consciência gradativamente. Ao despertar, sentir-se-á feliz e realizada, pois trará para esta vida apenas o que for útil e edificante.

Devo confessar que ter conduzido Ana Carolina ao primeiro depósito das memórias dessa sua vida passada foi uma experiência reveladora. Ana conseguira fazer essa viagem impressionante no tempo. Ter conversado com ela nesse estado de imersão em uma de suas vidas foi bastante animador. Sentia-me como um viajante do tempo também. Percebi que Ana, assim como a maioria das pessoas que passam pela regressão, consegue não apenas se lembrar, mas de resgatar emoções e sentimentos dessas vidas, além de sensações físicas, como o toque, o paladar, o cheiro. Além disso, é capaz de ouvir e se deslocar para frente e para trás no tempo dessas vidas e até se deslocar de alguma forma no espaço-tempo para contar o que vê ou acontece em outro lugar.

Essas são minhas impressões, caro leitor, mas agora é hora de dar a palavra a Ana Carolina, para que ela mesma nos conte o que viu, ouviu e sentiu.

V

Catharina, por Ana Carolina

Estava na hora de irmos além das memórias do útero materno. A imagem que se apresentava à minha mente agora era de um longo corredor, escuro, de forma que não me era possível enxergar ou avaliar toda sua extensão. Só me era possível vislumbrar uma luz fraca no fim dele. O professor sugeriu que eu imaginasse portas. As portas apareceram. Portas altas, tons de cores diferentes em cada uma, tanto à esquerda, quanto à direita. A impressão que tive era de que existia um fim, distante, mas haveria uma última porta bem ao fundo. Eu não saberia dizer quantas existiam, mas certamente contavam-se por centenas.

O professor pediu que eu escolhesse uma delas e que entrasse. Escolhi uma porta mais próxima, alta, de madeira avermelhada. Abri-a vagarosamente. De repente, tudo se iluminou e, aos poucos, uma imagem surgiu, embora não estivesse completamente nítida. Como nas visões anteriores, eu via tudo de cima, até que a imagem se aproximou e entrei naquela pessoa. Sem perder a consciência de quem eu era, eu também passei a ser outra pessoa e enxergava tudo com seus olhos, ao mesmo tempo em que suas lembranças e sentimentos agora começavam a fazer parte de mim. A sensação, devo dizer, é difícil de descrever. Não tenho palavras precisas para descrever o que sinto quando estou em regressão. Não sei bem o que se passa com outras pessoas que se sujeitam à regressão a vidas passadas, mas eu não perco a noção de quem eu sou na vida presente. Sei diferenciar as memórias que são da vida presente daquelas da vida passada.

Passei por oito regressões e estive em oito vidas diferentes, e, para cada porta, uma nova vida se revelou. Um novo mundo, de imagens, sons e sensações surgiu. Passar por essas experiências não foi apenas trazer à tona lembranças de outras vidas, mas vivê-las novamente, nem que por breve instantes.

A imagem que sempre tenho, que me vem sempre à mente é a do corredor com muitas portas. Mas não são portas quaisquer. São coloridas em variados tons e tamanhos. Falo no presente porque, para mim, essas portas são reais, ou, pelo menos, para a minha mente parecem ser reais.

A primeira porta escolhida, levou-me a uma paisagem urbana. Parecia um vilarejo ou um bairro de cidade. Vi uma linda moça que caminhava a poucos passos, indo em direção a uma ponte de pedra. Sua aparência era simples. Eu a via de costas, mas percebi que tinha pele clara, longos cabelos castanhos que encaracolavam até à cintura. Portava um vestido de tom vermelho escuro, vestes de baixo brancas. No braço direito, levava uma cesta grande vazia. Um rio estreito cortava essa vila. Do outro lado da ponte, havia uma espécie de feira com barraquinhas improvisadas e algumas caixas de madeira com diversos tipos de alimentos frescos, como frutas, cereais, verduras e legumes. De onde ela estava, não conseguia ver os detalhes, mas tudo me parecia ser bem modesto e escasso. Logo em seguida, sem que eu percebesse, fui atraída para dentro daquela figura juvenil, a qual aparentava contar não mais que dezessete primaveras. De súbito, comecei a perceber tudo o que lhe era possível ver, ouvir e sentir. Eu era ela agora. Seus pensamentos eram os meus. Eu sentia suas tristezas, suas alegrias e esperanças. Pude sentir o frescor de sua idade, a preocupação com os pais já velhinhos e, principalmente, a falta de comida. Eram tantas sensações, tudo tão novo para mim e, em meio a essas lembranças, um nome me veio à mente: Catharina.

Catharina era de família pobre e estava indo à feira a pedido da mãe. Sua casa não distava muito daquele lugar em que ora se encontrava. Imersa em seus pensamentos, eu sentia a sua preocupação em relação ao futuro. Tratava-se de época difícil e de muita escassez para o povo daquela região. Apesar das dificuldades, eu era esperta e forte. Pude sentir os longos cabelos nos ombros, um laço prendendo as vestes brancas que me apertavam na região do busto. A saia ia até um pouco abaixo dos joelhos. Sentia o peso da cesta que levava no braço direito. Ouvia pessoas conversando a distância, porém nada muito nítido.

Depois dessa primeira impressão, o professor fez-me avançar no tempo, indo para os últimos dias da vida de Catharina. Num segundo, um desfile de imagens passou pela minha mente e, de repente, tudo se fez mais claro e pude ver uma casinha simples. Num quarto, deitada em uma cama, eu era mais velha agora, por volta dos quarenta anos de idade. Sentia-me sozinha, fraca e com uma dor aguda na região do abdômen. Catharina sabia que a comida que consumia não era boa, muita gente da região morria devido à má qualidade da alimentação.

Por fim, não fiquei muito tempo ali, pois o professor tirou-me rapidamente daquela situação sofrida e fez-me voltar a mim mesma.

Ao despertar, não guardava nenhuma sensação de desconforto. Compadeci-me da situação daquela menina, do fim que teve sua vida. No fundo eu sabia que havia sido uma vida útil e simples e, por isso, rica e bela.

Catharina

Desenho de Ana Carolina

A Ponte de Pedra

Desenho de Ana Carolina

VI

Merina

Estávamos em nosso terceiro encontro, o que acontecia há exatos quinze dias da primeira vez em que Ana Carolina havia voltado para os primeiros anos da infância e para a vida de Catharina em Portugal.

Notei que Ana já estava mais acostumada ao processo de indução à hipnose, sentindo-se muito mais à vontade a cada sessão. Como de outras vezes, iniciamos a sessão colocando-a em transe rapidamente. Minha voz era pausada e marcava o início do processo de regressão, o qual abstenho-me de detalhar neste momento, para não cansar demasiado o leitor. Quando em transe, Ana Carolina respira de forma mais lenta. Seus olhos fechados permitem um relaxamento corporal bastante intenso, favorável ao processo de regressão.

Como das primeiras vezes, levei-a ao corredor, onde se encontram as portas que a levam a suas vidas passadas e, tendo Ana escolhido uma delas, percebi uma leve mudança em sua postura e fisionomia. Assim, perguntei-lhe:

– Onde você se encontra?

– Estou numa floresta de árvores muito altas e coloridas – disse ela, logo de início.

– Como você é? – Eu estava interessado em sua resposta.

Quando vai para outra vida, logo nos primeiros segundos da regressão, Ana não vê com muita clareza as imagens que se apresentam. Portanto é necessário lhe dar algum tempo para que as coisas que vê e ouve façam sentido e para que consiga responder às perguntas.

– Tenho cabelos avermelhados e longos – respondeu, erguendo a cabeça.

– Sim... qual seu nome?

– Merina – respondeu, imediatamente.

– Merina, bonito nome! Mas, diga-me, que está fazendo nessa floresta?

– Eu moro aqui.

– E mora com quem?

– Moro sozinha!

– Você não é casada?

Obviamente eu estranhava que uma mulher morasse sozinha numa floresta. Devo confessar que tudo me parecia um tanto fantasioso. Depois de uma breve pausa, perguntei-lhe:

– Você é casada?

– Sim, sou, mas os guardas o levaram – disse, demonstrando muita tristeza.

– Que guardas? – Indaguei curioso.

– Os guardas do rei! – Respondeu.

– Você sabe o nome desse rei?

– Não consigo me lembrar, mas o chamam de louco.

– E você mora sozinha nessa floresta?

– Moro sozinha em minha casa, mas há outras pessoas na floresta comigo. Pessoas que me acompanharam quando vim para cá. São pessoas agradecidas por eu ter cuidado delas, por tê-las curado.

– Mas por que não mora na cidade? Há alguma por perto?

– As pessoas não me queriam por lá. Não gostavam de mim.

– E por que não queriam você lá?

– Por que faço coisas!

Eu estava bastante curioso com relação a esta vida de Ana Carolina e resolvi explorá-la um pouco mais.

– Que coisas faz?

– Faço coisas que outras pessoas não fazem.

– Que outras pessoas, homens?

– Não, só mulheres fazem isso! – Respondeu, de forma contundente.

Obviamente essa resposta me deixou ainda mais curioso. Então resolvi tentar uma melhor descrição do ambiente em que vivia, assim talvez fosse mais fácil determinar onde ela se encontrava e, com sorte, a época aproximada.

– Como é sua casa? – Perguntei em seguida.

– De madeira e pedra, uma casa simples, mas normal por aqui.

Mais uma vez, como já havia ocorrido na sessão anterior, eu intencionava tirar Ana Carolina momentaneamente daquela vida, a fim de ouvir dela mesma suas impressões sobre tudo o que via, ouvia e sentia.

– Quando eu tocar em seu pulso esquerdo, vou falar com a Ana Carolina, que será capaz dar mais detalhes do que está acontecendo. Pronto! – Disse-lhe eu, a fim de obter o estado desejado.

– Sim. Gente! Que floresta maravilhosa! Nunca vi arvores tão altas e tão coloridas! – Respondeu Ana, um tanto admirada.

Ela estava encantada com o que tinha acabado de experimentar e ver, era evidente e, como era esperado, mostrava a vivacidade costumeira de seu estado "normal".

– Você sabe onde fica essa floresta, Ana?

– Não sei dizer, só vejo árvores, algumas pessoas, nada que identifique o lugar.

- E sabe dizer por que teve de deixar a cidade onde morava?

- As pessoas da vila ou cidade não gostavam de mim, tinham medo, nojo, elas me achavam horrível!

- Mesmo você curando pessoas? – Perguntei.

- Pois é, que será que eu era?

- Seria você uma bruxa? – Acrescentei.

Claro, eu não me referia às bruxas malvadas dedicadas à magia negra representadas nas telas de cinema, mas às mulheres perseguidas pela Inquisição na Idade Média, a qual ficou conhecida como a Idade das Trevas.

- Não, não sei, talvez ela nem conheça a palavra bruxa – respondeu.

- Ana, que idade ela tem?

- Acho que uns trinta e cinco anos, mais ou menos.

- E ela não tem ninguém, nenhum novo companheiro?

- Não, ela mora sozinha mesmo!

- Ok, Ana, vou tocar novamente em seu pulso e você vai voltar para a vida da Merina.

E assim eu fiz, ao tocar levemente seu ombro direito, vendo-a inclinar ligeiramente a cabeça para frente, sua respiração ficar mais pesada. Curioso notar que Ana Carolina mudava consideravelmente sua posição corporal quando se manifestava como ela mesma, assumindo uma postura mais ereta, colocando os cabelos para trás, deixando à mostra o rosto ainda bastante jovem, ao passo que, quando ia para dentro de Merina, curvava-se mais para frente, deixando seus cabelos cobrirem parcialmente seu rosto.

– Merina, você sabe até que idade vai viver? – Perguntei, dando sequência ao nosso diálogo.

– Sim, sei.

Interessante notar o conhecimento que ela tinha de sua existência inteira, inclusive seu futuro.

– Quando eu contar de um a três, quero que vá para seu último ano de vida, avançará no tempo até chegar a esse ponto de sua vida.

– Merina, que idade você tem?

– Tenho cinquenta e um anos.

– É jovem ainda, então – exclamei.

– Não, para essa época, já vivi até demais, as pessoas dificilmente chegam à idade que tenho hoje – explicou-me ela.

– Que você tem nas mãos?

Percebi que Ana esfregava suas mãos, tentava esticá-las sem sucesso, pois elas insistiam em se retorcer.

– Estou um pouco doente, acho que estou assim por causa dos preparos de remédios que fiz a vida inteira.

– Então você não mais trabalha com preparo desses remédios?

– Ah, sim, faço, mas tenho pessoas que me ajudam. Já estou bastante debilitada.

– Que pessoas que a ajudam?

– As pessoas que ajudei e que me acompanharam na floresta. Eu as tirei daquela terra, vivemos hoje num lugar muito melhor e somos bem felizes.

– E você mora sozinha ainda, ou tem alguém, algum homem?

– Tenho um aprendiz.

De fato, Ana havia pronunciado "uma aprendiz", mas como falava baixinho, não pude identificar que se tratava de uma mulher e isso me motivou a fazer a próxima pergunta:

– Um homem?

– Não, já disse, homens não fazem essas coisas – obtemperou.

Percebi um certo tom de reprovação em suas palavras. Quero acreditar que ela queria deixar claro o papel exclusivo de mulheres nesse tipo de atividade, que fez com que eu e Carlos, seu noivo ali presente, ríssemos.

– Merina, escute atentamente. Você consegue ouvir alguma palavra nessa língua? Consegue ouvir conversas?

Para lhe favorecer o acesso a essas lembranças mais precisas e profundas, eu lhe tocava levemente a testa, um pouco acima dos olhos. De alguma forma, isso se mostrava bastante eficiente na recuperação de informações mais precisas como nomes, datas etc.

– Ouço duas palavras, mas só entendo a segunda, algo como "forn".

– "Forn"? – Questionei.

– Sim, mas com um erre muito mais pronunciado – corrigiu-me.

- "Forn"? – Repeti, dando mais ênfase à letra erre.

- Isso. Mas há outra palavra, não consigo me lembrar.

Mais tarde, depois que nos despedimos, ao pesquisar tal palavra, para minha surpresa, encontrei-a no vocabulário do antigo sueco, com o significado de velho, antigo.

Neste ponto da narrativa, permita-me o leitor algo considerar acerca do que acabamos de presenciar. Como Ana Carolina teria podido se lembrar de palavra de origem sueca? Seria apenas coincidência?

- Você sabe o que significa essa palavra? – Mais uma vez perguntei, dando prosseguimento a nossa interessante conversa.

- Não, só sei que a ouço, pronunciada pelas pessoas que me são próximas, mas, como já disse, há uma outra palavra antes desta, mas que não consigo repetir, é muito diferente.

- Está bem! – Disse eu, conformado.

Em seguida, disse que a tocaria em seu pulso e pedi que voltasse a ser Ana Carolina, como de outras vezes.

- Carol? O que está acontecendo?

- Ela conseguiu tirar todas as pessoas que viviam com ela na floresta e agora estão vivendo noutro lugar, bem longe daquele reino que não era bom para eles. Eles estão bem agora. Uma moça aprendiz mora com ela. Ela ensina tudo que aprendeu.

- Foi uma vida proveitosa, Ana? Ela teve filhos?

- Ah, sim, muito proveitosa! Não teve filhos, mas sinto que ela foi realizada e feliz, no fim das contas. Vocês não imaginam o quão maravilhoso é sentir os pensamentos de gratidão e amor que vêm das pessoas que conseguiu ajudar. Com certeza foi uma vida para se guardar, apesar de sofrida.

Ana era capaz de sentir a gratidão e o amor que aquelas pessoas tinham por Merina. Em seu livro, intitulado "A divina sabedoria dos mestres", o Dr. Brian Weiss relata que, uma vez desligados do corpo, nossa alma passa por um período de revisão da existência que acabara de deixar e, nesse processo, sentimos o bem ou mal que tenhamos feito aos outros e, no dizer do Dr. Weiss, essa é a maneira de a Providência Divina nos mostrar os erros que cometemos e o impacto de nossas ações nas pessoas - crença, aliás, bastante difundida em algumas religiões e credos. Segundo essas crenças, isso seria o ponto de partida para nos darmos conta da tarefa renovadora e evolutiva da reencarnação e, assim, planejar as próximas etapas, seja para voltar a este mundo, seja para alcançar novas esferas evolutivas. Seria esse o caso de Ana? Talvez não fosse o caso de "desligamento do corpo", mas não estaria ela passando pela mesma experiência?

– Carol, nas pessoas que fazem parte de sua vida hoje, consegue identificar seu marido?

Fato bastante interessante é a capacidade de a pessoa, durante o processo de regressão, conseguir identificar seres queridos de outras épocas vivendo em nova roupagem na existência atual.

– Sim, ele se parece com meu noivo. Tirando o nariz, que era bem mais arredondado. Amor, era você!

Nesse momento, Ana se vira para ele e diz:

– E olha, que pena, acho que ela nunca mais o viu depois de que ele foi levado pelos guardas. Ainda sinto sua tristeza, o aperto no coração, a saudade. Coitado dele! Não sei dizer o que lhe ocorreu. Talvez tenham dado cabo de sua vida.

Nesse instante resolvi mudar um pouco o rumo da conversa:

– E você consegue ver as roupas que eles usavam? – Perguntei, tentando uma descrição do vestuário, o que ajudaria, mais tarde, numa possível pesquisa que tínhamos a intenção de fazer.

– Sim, uso uma espécie de vestido de cor azul, bastante fechado e quente, com uma coisa que passa aqui pela cintura e pelo busto. Calço uns sapatos fechados também. Tenho também uma espécie de touca e meu marido usava uma espécie de capuz que cobria também seus ombros. Sua roupa era marrom, bem pesada, com algo de couro – explicou Ana.

– Muito bem, Ana, vou soltar seu pulso e você vai voltar para a Merina. Pronto. Agora, Merina, quero que vá para os últimos instantes de sua vida. Vai colher os frutos de sua generosidade e bondade para com as pessoas. Comece a deixar esse corpo. Você está deixando essa vida... agora!

– Sim.

Ana estendia sua mão na direção de algo que se encontrava à sua frente.

– O que você está vendo?

– Sim, eles cuidam da gente. Vejo uma luz.

Como o leitor já deve ter lido ou mesmo ouvido falar, é comum nos relatos de pessoas que passaram pela EQM – Experiência de Quase Morte – a presença dessa luz que recebe as pessoas que morrem.

- E para onde você vai, para onde vão levar você?

- Eles cuidam da gente, eles cuidam da gente – repetia Ana.

Essas foram suas últimas palavras e, sem que lhe desse qualquer instrução, Ana foi recobrando os sentidos.

Terminada a sessão, como sempre fazemos, nos detivemos em animada conversa. Tínhamos muito material para pesquisa, além de sentir um conforto espiritual bastante grande. Não estamos sós, não vivemos uma vida apenas, talvez essa seja toda a verdade!

Mais uma vez, o sino da Igreja Matriz anunciava que a madrugada de um novo dia se iniciaria em pouco tempo e não tardaria para o sol despontar no horizonte, trazendo suas benesses para nós pobres seres mergulhados na experiência terrena. Assim, despedimo-nos, com a promessa de nos encontrar em outras oportunidades, pois sentíamos que realizávamos um trabalho importante.

Agora, cara leitora e leitor, no próximo capítulo, vamos ver o que Ana tem a dizer sobre a experiência pela qual passou. Quais seriam suas impressões? Teria Ana, após a sessão, se lembrado de detalhes que nos escaparam durante a regressão, mas que agora, passados alguns dias, pode deles se lembrar?

VII

Merina, por Ana Carolina

Em nossa terceira sessão, entrar em transe foi bem mais fácil e rápido. Vi-me mais uma vez num corredor repleto de portas bem encaixadas nas paredes de ambos os lados.

Escolhi a segunda porta, que possuía um tom de madeira mais clarinho. Ela ficava um pouco mais distante da primeira. Abri-a e entrei. Estava agora diante de uma grande floresta, de árvores muito altas, cores muito vivas em tons de verde, marrom, laranja e vermelho. Entre as árvores, numa espécie de clareira, avistei uma casa pequena feita de pedras e madeira. Via tudo do alto. Em pé, ao lado da casa, percebi uma mulher. Tinha cabelos avermelhados, enrolados e volumosos. Suas roupas eram de inverno. Trajava um vestido longo de mangas compridas, transpassado na frente como um xale, tecido grosso e pesado. As Botas eram grossas e macias, revestidas com pele animal. Uma espécie de touca pequena na cabeça. Odor de plantas e terra úmida me cercavam.

Mais uma vez eu era outra pessoa. A imagem foi se aproximando e, sem que eu percebesse, passei a ver com os olhos dela, ter acesso às suas lembranças. Na verdade, eu não apenas tinha acesso às suas memórias, mas também aos seus sentidos. Sentia os cheiros, gostos das coisas que ela experimentava e tinha a visão das coisas que ela via. Sentia também inundar-me um mundo de novas emoções e paixões. Um nome ocorreu-me imediatamente: Merina.

Merina vivia para ajudar as pessoas, tinha conhecimentos de cura e tratamentos que não eram bem vistos pela maioria das pessoas da época e lugar. Por isso, sempre foi protegida e amparada por amigos e, principalmente, pelo marido, o qual fez de tudo para ajudá-la.

O professor perguntava, explorava possibilidades. Merina contava sua história e, conforme íamos conversando, tentávamos compreender mais sobre sua vida. Chegamos a pensar em bruxa ou feiticeira, mas essas palavras não faziam sentido para ela. Lembrei-me também da tristeza que senti, por ser obrigada a me refugiar na floresta e fazer dela meu novo lar.

Quanto ao meu marido, se deixara capturar para que eu pudesse fugir, a salvo daqueles que me queriam mal. Pobre marido, perdeu a liberdade e talvez a própria vida! Senti e sinto que ela ainda o amava, mas que, com o passar do tempo, Merina havia transformando aquele amor em dedicação aos necessitados.

Imersa naquele universo de novas emoções e lembranças, percebi que algumas pessoas se aproximavam da casa, amigos mais íntimos e outras pessoas necessitadas. O desejo de ajudar, a empatia pelos que sofriam eram muito marcantes em sua personalidade. Pude sentir isso nela, a intensidade de seus sentimentos de cuidado e amor ao próximo, mas, acima de tudo, sua força e determinação, embora, vez ou outra, fosse inevitável lembrar-se do marido preso. Pobrezinha, nunca mais teve notícias dele!

Merina realizava importante trabalho de atendimento e cura de doentes, utilizando-se de conhecimento adquirido ao longo dos anos no preparo de chás e unguentos à base de plantas e outros elementos da natureza. Mais tarde, ao pesquisarmos melhor o assunto, descobrimos que, efetivamente, cabia às mulheres cuidar de crianças e velhinhos, principalmente os enfermos, uma vez que médicos eram bem raros à época.

Em dado momento, o professor decidiu avançar no tempo e fui para os últimos dias da vida de Merina. Imagens rápidas desfilaram diante de meus olhos e, de repente, tudo ficou escuro. Por alguns segundos eu não conseguia ver nem sentir mais nada.

Depois desse apagão, tudo ficou mais nítido e pude ver uma vila, casas muito parecidas e perto umas das outras, a floresta alta ao redor e, nesse exato instante, fui levada para dentro de Merina. Vi-me sentada próxima à porta de minha casa, no meio da floresta. Já era idosa para os padrões da época. Percebi que pessoas caminhavam à minha volta. Sentia-me cansada, respiração já fraca, minhas mãos doíam, meus dedos enrijecidos, mas sentia-me realizada e feliz. Meu espírito estava em paz.

Por um instante, lembrei-me da época em que eu buscara a floresta como refúgio e percebi que o lugar não era o mesmo, estava agora num lugar bem mais seguro, longe das perseguições e da opressão.

Agora, já velha, sentia-me cansada, pois a idade tinha chegado para mim. Vivia comigo uma jovem aprendiz, para quem eu pretendia transmitir todo conhecimento acumulado durante uma vida inteira. Eu a tratava e considerava como a uma filha.

Em dado momento, que não sei precisar, o professor me perguntou se eu conseguia ouvir alguma palavra daquele idioma. Agucei meus sentidos, prestando mais atenção ao que se falava e, então, pude distinguir, embora um tanto distante, duas palavras. Porém, apenas uma das palavras era inteligível para mim: "forn".

Ao final do processo de regressão, repentinamente, percebi que tudo havia parado. Eu já não mais ouvia o vai e vem das pessoas, o balançar das folhas e dos galhos, o trinado dos pássaros, também não mais conseguia enxergar. Chegava o momento da partida, a morte me visitava.

De repente, tudo se fez escuro e calmo e, então, o professor me perguntou se eu conseguia ver algo. Foi aí que percebi uma luz que vinha em minha direção e, tomada por uma enorme sensação de proteção e calma, fui em direção a ela, com forças apenas para dizer que eles cuidavam da gente.

Despertei em seguida. Senti a força de Merina, sua coragem, determinação e bondade e, naquele momento, prometi a mim mesma não deixar apagar as memórias e lembranças de sua vida e o faria em homenagem a tudo que ela havia feito por toda aquela gente.

VIII

Nos Tempos de Merina

"Cuidar dos doentes sempre foi considerado trabalho para mães e esposas. Com o conhecimento adquirido no âmbito familiar e também pelo contato com amigos, ou até mesmo pela simples observação, as mulheres sempre foram as responsáveis por socorrer doentes, desde crianças febris até guerreiros mortalmente feridos em batalha. Mas essas mulheres não eram aceitas no âmbito da vida acadêmica, restando-lhes apenas o papel da cura caseira, com o preparo de remédios à base de ervas principalmente.

Nesse ambiente pragmático e não acadêmico, antes das primeiras universidades dedicadas ao ensino da medicina se espalharem pelo velho continente, os conhecimentos acerca do preparo de remédios eram transmitidos de uma geração a outra, de boca de mulher para ouvido de mulher, embora não fosse qualquer pessoa que tivesse acesso ou que tivesse jeito para lidar com esse tipo atividade. Poucas pessoas sabiam manipular ervas, ou tinham o conhecimento necessário ao tratamento de doenças e aos cuidados necessários com os doentes. Da observação que se podia fazer das raras visitas de médicos a doentes muito essas mulheres aprendiam, procedimentos imprescindíveis ao tratamento, embora fosse comum o uso de amuletos, mágica e encantamentos, os quais eram recursos indispensáveis na maleta de qualquer curandeiro e até mesmo de médicos da época.

O período que vai desde o século IV até o século XVI testemunhou profundo deslocamento social e econômico. À medida que a Europa saía do sistema feudal para unidades centralizadas de poder e, com a criação de universidades e escolas, o caráter do serviço de saúde mudou também.

No início do século XIII, mulheres que por muito tempo eram tratadas com respeito e confiança por parte de seus pacientes começaram a enfrentar forte resistência por boa parte da sociedade. Barradas na maioria das universidades da Europa pelo simples fato de serem mulheres, elas foram proibidas de exercer qualquer papel no tratamento de doentes e muitas das que insistiam na atividade curativa eram perseguidas e punidas severamente. Porém, nem todas desistiram da causa em favor dos necessitados e, oferecendo seus conhecimentos de ervas e unguentos para alívio de todo tipo de dor ou sofrimento, contrariando os vários decretos emitidos por autoridades eclesiásticas, arriscaram suas vidas ou se expuseram à perseguição.

Nos últimos quatro séculos da Idade Média, as mulheres que exerciam essa atividade foram alvo de verdadeira caça às bruxas, um programa de perseguição implacável promovido pela Igreja com o apoio de autoridades do alto Clero e da sociedade civil. As informações que se têm dessa era cruel, que teve seu auge entre o final do século XV até o século XVII, é baseado no testemunho dos próprios perseguidores e não dos que foram perseguidos. Julgadas e sentenciadas como bruxas, as mulheres enfrentavam a morte pela tortura ou na fogueira, com bem relata a história." 1

Tudo leva a crer que Merina viveu por esse tempo na Suécia. No início do século XVI, Éric XIV, nascido em 1533 e falecido em 1577, governava não apenas a Suécia, mas também exercia grande influência na região báltica e na Estônia para, no século XVII, tornar a Suécia uma grande potência mundial. Contudo seu reinado não era unanimidade, esbarrando em forte oposição por parte da nobreza, apoiada abertamente por seu meio-irmão John III da Suécia (1537-1592).

Em 1563, o rei Éric passou a dar demonstrações de demência, fato que iria marcar consideravelmente seu reinado, pois, em 1567, vários suspeitos de traição foram assassinados a seu mando ou, como no caso do diplomata Nils Svantesson Sture, que fora aprisionado durante três anos e depois assassinado pelas próprias mãos do rei.

1.   Adptação: Trecho extraído da American Journal of Public Health , intitulado "Women Healers of the Middle Ages: Selected Aspects of Their History " de autoria de William L. Minkowsli, MD, MPH, obtido do sítio da internet a seguir: https://ajph.aphapublications.org/doi/pdfplus/10.2105/AJPH.82.2.288.

IX

Domitila

Nas sessões anteriores, Ana Carolina experimentou um transe profundo e regrediu para duas vidas bastante distintas.

Eu tinha, como se pode facilmente imaginar, um vívido interesse por suas regressões, pois as habilidades de Ana para o transe, além da facilidade para acessar vidas passadas convidavam-me a explorar ainda mais esse universo interessante e desconhecido. Além disso, em nosso último encontro, havia lhe proposto realizar várias sessões, com o fim obter mais material de estudo.

Diferente das outras sessões, decidi-me por um método rápido e clássico de indução e, bastaram alguns segundos para ela se encontrar num transe bastante profundo e mais uma vez se ver naquele corredor, repleto de portas.

– Olá, Ana, você já conhece todo o processo para chegarmos a suas vidas passadas. Volte ao corredor, muitas são as portas. Procure escolher uma um pouco mais distante, um pouco mais longe no tempo, anterior à vida de Merina. Você poderá ver, ouvir e sentir essa vida.

Logo que entrou em transe, percebi em Ana a respiração mais pesada, a mudança sutil da fisionomia. Pedi-lhe, então, para acessar uma vida mais antiga do que a vida de Merina. Porém, como vocês mesmos constatarão, caros leitores, fomos para outro endereço no tempo, no espaço e na história, por assim dizer.

– Onde você está? O que você vê? – Perguntei, iniciando nosso diálogo.

– Vejo um barco partindo – respondeu Ana.

– É você no barco?

– Não. Vejo um homem. Estou na praia. O barco está indo pescar – completou Ana.

Parecia que as imagens se revelavam aos poucos para ela, porque as respostas vinham devagar, em longas pausas.

– E quem está no barco?

– Meu marido.

– E como é esse barco? Tem motor?

– É um barco de pesca, simples, está na família há bastante tempo.

– É um barco a vela?

– Sim, um barco velho. Somos pescadores.

Teria Ana entendido corretamente minha pergunta? A julgar por sua resposta, creio que não. Porém, ainda tínhamos muitas perguntas a fazer.

– Qual seu nome?

– Não me lembro.

Ao responder, Ana franzia a testa e balançava a cabeça levemente de lado a lado, algo que ela sempre fazia quando tentava buscar suas lembranças mais profundas.

– Ouça seu marido, como ele a chama? – Perguntei, a fim de provocar-lhe as memórias, pois eu já sabia que ela era capaz de "ouvir" as conversas à sua volta, quando está em regressão nessas vidas, evidentemente.

– Dom – respondeu Ana.

Sua resposta não foi mais do que um sussurro e, por essa razão, não pude de ouvi-la. Só mais tarde, ao repassar a gravação, é que consegui identificar a resposta por mim formulada.

– Você não se lembra. Não tem problema. Você tem filhos?

– Sim, estão correndo aqui na praia!

– Quantos filhos você tem?

– Quatro filhos.

– Quais seus nomes?

- Petro, Jonas, Carina e há um outro mais novinho... ah, Ulysses!

Porém, apesar de ter conseguido se lembrar dos nomes dos filhos, eu ainda não tinha desistido de descobrir seu nome, sem saber, porém, que ela já o havia revelado. Essa insistência, contudo, foi providencial, porque nos levou a uma revelação, ao menos para mim, surpreendente.

- Então, ouça seus filhos te chamando, com que nome eles te chamam? - Perguntei, assim que retomei nosso diálogo.

Obviamente, poucos segundos bastaram para eu me dar conta de que a única resposta para essa pergunta seria a palavra mãe, ou mamãe. Afinal, que filho não chama a própria mãe de mãe? Assim, refiz a pergunta:

- Eles a chamam de mamãe, não é? - Perguntei-lhe, aguardando confirmação.

- Não, chamam-me de "mitera"! - Respondeu, para meu espanto e incerteza.

- É seu nome? - Perguntei, pensando tratar-se de seu nome porque, caso não se lembrem bem, eu não havia compreendido quando ela tinha dito se chamar Dom.

- Não, eles me chamam de "mitera", meus filhos me chamam assim.

Tomado de irrefreável curiosidade, solicitei a Carlos, noivo de Ana, que fizesse uma pesquisa na internet, a fim de descobrir o significado dessa palavra, e qual não foi nossa surpresa ao descobrir se tratar da palavra mãe em grego.

Era espantoso! Grego? Como seria isso? Lembramo-nos também de Merina em sua vida na Suécia, em que Ana foi capaz de pronunciar uma palavra do sueco antigo cujo significado também lhe era totalmente desconhecido, mas, naquela situação, tratava-se de uma palavra pouco contextualizada. Porém, não desta vez! Mitera! Mãe!

Assim, saindo do estado de espanto em que me encontrava, continuei nossa conversa:

– Que roupas está usando neste momento, Ana?

– Estou usando uma espécie de vestido, parece uma calçola, tem algo que prende nas duas pernas acima do joelho, é uma roupa simples e eu estou um pouco gorda. Não! Acho que estou grávida!

Caros leitores, não sei se conseguirei lhes contar o quão surpreso eu estava naquele momento e, a única coisa que me passou pela mente foi querer conversar com Ana Carolina e ouvir o que ela tinha a dizer de tudo aquilo. Assim, como já detalhei aqui, procedi de forma a poder conversar com Ana Carolina.

– Ana, você está aí? – Perguntei, para certificar-me de que não conversava com outra pessoa.

– Sim. Meu Deus! Não perdi tempo! Quatro filhos e esperando mais um? – Disse Ana, com a vivacidade de sempre.

Ana era muito espirituosa, principalmente quando se dirigia a seu noivo.

– Lembrou-se de seu nome?

– Domitila, meu nome é Domitila – respondeu sem titubear.

- É a Grécia, Ana?

- Acho que sim. Sim, Grécia! Vejo casas na pedra, uns barracos de madeira, uma praia, parece um rio, mas é uma praia de águas calmas. Ah, as crianças! São tão lindas, correndo na praia.

Ana se emocionava ao lembrar das crianças, mas eu queria mais informações, mais detalhes, por isso, perguntei:

- Você vê alguma cidade ou vila próxima?

- Não vejo muito longe, mas sei que há uma cidade aqui perto, mais adiante.

- Consegue ver as roupas que está vestindo?

- Sim, é uma roupa simples, mas com algo amarrado na altura do joelho, não sei o que é.

Nesse instante, desfiz os procedimentos que me faziam poder conversar com Ana Carolina e levei-a novamente para dentro daquela vida, para a vida de Domitila.

- Muito bem, vou tomar seu pulso, Ana, e você viajará para o futuro dessa vida, cinco anos à frente, a partir do momento atual.

Na verdade, não sei de onde veio a intuição de fazê-la projetar-se para o futuro daquela vida, mas havia sido uma boa intuição. Indo adiante, seria possível saber mais sobre sua gravidez e descobrir o nome do bebê.

- Não vejo nada, está tudo escuro.

Num instante percebi o que se passava. Por certo, havia falecido durante o parto ou logo depois dele. Então, pedi a ela que voltasse para a vida de Domitila.

– Domitila, dentro de instantes, vou tocar em seus ombros e você irá para os últimos momentos de sua vida terrena – disse-lhe, para que descobríssemos o que havia acontecido.

– Ai... ai... não estou bem, preciso de ajuda! – Disse, assim que se projetou para o futuro.

Quando realizo sessões de regressão, estou sempre de prontidão, para o caso de Ana ter alguma lembrança traumática, o que estava justamente acontecendo. Ana se contorcia, colocando as duas mãos espalmadas sobre o ventre, ela ofegava e se contorcia.

– Preciso de ajuda! – Gritou.

– Há alguém com você, por perto? – Intervim.

– Sim, parteiras – completou ela.

Visível era o sofrimento de Domitila naqueles instantes derradeiros.

– Preciso de ajuda – gritou novamente.

– Ana, vou contar até três e a dor vai passar – disse-lhe, para tirar-lhe daquele sofrimento.

– Domitila, deixe essa vida para trás. Abandone essa vida e as dores desaparecerão e tudo voltará à normalidade.

Ao acordar, Ana demonstrava tranquilidade e alegria. Nem parecia que havia vivenciado momentos dolorosos e angustiantes.

Passados breves instantes, ofereci-lhe um copo d'água, o qual aceitou. Então, iniciamos breve conversação em torno do que acabáramos de presenciar. Precisávamos entender o que se havia passado. Mas a hora já era bastante adiantada, o relógio da Igreja Matriz badalava a meia noite e Ana precisava descansar. Despedimo-nos, mais uma vez, com votos de paz e boa noite de sono para todos nós.

X

Domitila, por Ana Carolina

Eu estava ansiosa, tantas descobertas incríveis, quem sabe o que ainda estaria por vir?

A terceira porta distava um pouco mais das outras escolhidas anteriormente. Era uma porta pequena com um leve tom de azul. Ao entrar, deparei-me com uma luz um pouco mais forte que das outras vezes, a qual foi diminuindo de intensidade, à medida que meus olhos iam se acostumando a ela. Então, divisei o mar e um grande horizonte azul e tranquilo, numa encantadora praia de areias claras. A praia tinha a forma de uma ferradura, ou uma letra u mais aberta, cercada por grandes rochas.

Era um dia estava claro, quase sem nuvens no céu. Na praia, uma moça observava o barco que partia. Era uma jovem senhora, cabelos castanhos meio presos, desordenados pelo vento que soprava do mar em direção a terra. Usava um vestido largo, simples, com uma espécie de calça branca por baixo, dobrada até acima do joelho. Pés descalços na areia.

Passados os primeiros instantes naquela vida, percebi a imagem ir se aproximando, como das outras vezes, e, em segundos, fui puxada para dentro daquela mulher. Agora eu via o mar à minha frente e sentia o vento nos meus cabelos, a areia branca sob meus pés, a calça amarrada nos joelhos.

Como de costume, o professor perguntou meu nome. Chamava-me Domitila, mas meu marido tratava-me pelo carinhoso apelido de Dom. Lentamente lembranças foram surgindo. Primeiro, meu marido partindo naquele barco. Pescador, ficaria dias no mar. Eu o amava muito, era boa pessoa e bom pai.

Enquanto eu observava toda a cena, outras lembranças surgiram. Vi quatro crianças brincando ao meu redor, quatro lindos filhos correndo na praia, jogando água uns nos outros, catando conchinhas e outras brincadeiras de criança. Ao ver a cena, fui tomada por uma emoção intensa, um amor materno gigante. Seus rostinhos impressionaram-me pela beleza. Num segundo, senti um universo de sentimentos e emoções, desde um amor incondicional até a menor das preocupações maternas. Até então eu não sabia o que era o amor que uma mãe sente pelos filhos. Aquele sentimento intenso me tomava, enchia meu peito e ocupava todas as minhas preocupações.

Demorei alguns segundos para me lembrar do nome de cada uma daquelas crianças: Petro, Jonas, Carina e Ulysses. Além disso, o professor continuava a conversar comigo, pedindo que eu tentasse ouvir o nome pelo qual eles me tratavam. Ouvi suas vozes, brincavam na areia da praia, vozes doces que gritavam o tempo todo, um de cada vez: "mitera!"

O professor pediu que eu voltasse a ser eu mesma, que saísse por um instante daquela vida, para que eu descrevesse o que via. Vi algumas casas brancas nas pedras ao redor da praia, existia também uma vila próxima, pouco afastada da praia onde eu morava. Suspeitamos tratar-se da Grécia. O professor pesquisou a palavra "mitera" e descobrimos significar mãe em grego.

Logo a seguir, quando o professor me perguntou sobre minhas roupas, percebi que estava com uma barriguinha típica de gravidez, estava grávida novamente. Seria mãe pela quinta vez e estava muito orgulhosa disso. Domitila vivia uma vida simples, mas feliz e era evidente que amava seus filhos imensamente.

Depois, pediu que eu avançasse cinco anos naquela vida e percebemos que havia algo de errado. Então, disse que eu iria para os últimos minutos daquela existência. Voltei a ser Domitila, estava em um quarto, deitada, pernas abertas, posição de parto. Algumas mulheres em volta, parteiras da vila me acudiam. A dor era terrível, a barriga doía muito. Meu coração estava acelerado, clamava por ajuda, só conseguia pensar no bebê. A respiração estava fraca, o sofrimento era incrível. O professor entendeu aquela situação e me tirou daquela vida rapidamente. Voltei ao meu escuro e calmo. Aquelas lembranças foram deixadas para trás. Despertei sentindo-me bem, sem dores nem sofrimento algum.

Domitila foi uma experiência única. Não sei se ela chegou a conhecer seu bebê. Na verdade, nem sei se sobreviveu ao parto. Jamais esquecerei o respeito e amor pelo marido e principalmente o amor pelos filhos. Torço para que eles tenham sido amparados com a partida da mãe e que tenham tido uma vida feliz e digna.

XI

Giovanna Arelli

Chegava o dia de mais uma sessão. Estávamos em nossa quinta sessão. Antes de fazer Ana passar por mais uma regressão, conversamos sobre suas experiências anteriores. Porém, como já passava das 22 horas, iniciei o mais rápido possível os nossos trabalhos, a fim de que não se estendesse para além da meia-noite.

A sala estava bem iluminada. Ana se acomodou no sofá. Sentei-me ao seu lado, enquanto Carlos finalizava os últimos detalhes dos aparelhos que iriam gravar nossas sessões. Iniciada a sessão, rapidamente Ana entrou em transe.

– Ana, dirija-se para o corredor de suas vidas passadas. Você já o conhece. Vá a uma dessas portas. Você se encontra agora diante dela e, quando eu tocar em seu braço direito, entrará nessa vida. Só mais um instante. Isso, inspire e expire ao seu ritmo. Agora, vá para essa vida!

Vi-a inclinar a cabeça, deixando seus cabelos cair sobre o rosto jovem, num sinal já conhecido de sua entrada em transe mais profundo. De pronto, perguntei-lhe:

– Onde você se encontra?

– Estou num salão.

– Que espécie de salão?

– Estamos esperando o Capitão.

– Você está numa festa?

– Sim, estou numa recepção em sua homenagem.

– Você o conhece?

– Apenas por retrato, num pedaço de papel.

Ana respondeu à pergunta, fazendo um gesto com as mãos, a mostrar-me a forma e tamanho do retrato, que não era maior do que uma folha de caderno.

– Vocês têm algum compromisso matrimonial?

– Sim, estou prometida para o capitão.

– Como é esse salão?
– É o salão principal dessa cidade, muito elegante, apropriado para esses eventos. Acho que é um teatro, não sei dizer ao certo, há algo escrito à entrada, algo como "de las flores".

– E o que mais você vê?

– Vejo muitas pessoas conhecidas, algumas são de nosso relacionamento familiar, mas há muitos homens fardados, os quais nem conheço. Estão vestidos com belas fardas, com cordões atravessados e muitas medalhas. Há uma mulher executando músicas ao piano. Está tocando para mim! – Disse ao final surpresa e encantada ao mesmo tempo.

A essa altura, minha curiosidade só fazia aumentar. Que salão seria esse? Quem seriam essas pessoas presentes? Haveria dentre elas alguma personalidade conhecida? Mas essas perguntas teriam de esperar, de outra forma o procedimento de regressão se estenderia por muito mais tempo, o que cansaria nossa querida Ana. Mudei então o rumo de minhas interrogações. Eu queria colher mais informações pessoais e seu nome era o principal agora.

– Qual seu nome?

– Não consigo me lembrar.

Como da maioria das vezes, seu nome não lhe ocorria de imediato. Por vezes, era necessário dar-lhe mais tempo para que espontaneamente se recordasse; em outras, era necessário estimular-lhe as lembranças. Então, lancei mão de uma técnica de recuperação de lembranças de nomes e datas bastante precisa, que funcionava muito bem com Ana:

– Você deve ter amigas com você, ouça o nome pelo qual elas a tratam.

– Gi. Elas me chamam de Gi.

- Gi deve ser um apelido, tente ouvir alguma outra amiga, ou pessoa que a trate com mais formalidade.

- Sim, meu nome é Giovanna - disse depois de pequena pausa - chamo-me Giovanna Arelli.

- Marelli?

Ana falava em tom baixo, certamente em razão do transe profundo, por isso não identifiquei de pronto seu sobrenome.

- Você poderia repetir seu nome?

- Tudo bem - disse ela - Giovanna Arelli!

 - Muito prazer, Giovanna. De onde você é?

- Minha família é italiana.

- E seu noivo, é italiano também?

- Não, a família dele é da França.

- Qual o nome dele?

- Capitão Moglini... Não, Mogliani - corrigiu, prontamente.

- E onde ele serve como capitão?

- Serve a Paris.

- Muito bem Giovanna e como você está vestida?

- Estou vestindo um lindo vestido de festa, todo adornado. Tenho joias no pulso e um lindo colar.

Conforme ia falando, Ana tocava seus pulsos e seu pescoço. Assim como sempre faz quando lhe pergunto sobre suas roupas, ela parece sentir o contato das peças e acessórios que veste nessas vidas.

– Você consegue ver esse salão?

– Fica no centro da cidade. Há uma escultura de cavalo na entrada, cercado por muitas flores, num jardim todo desenhado.

– Você sabe em que cidade está?

– Não sei dizer, mas é uma cidade grande, muito bonita.

– Há algum rio por perto?

– Não muito perto.

– Sabe o nome desse rio?

– Não sei dizer.

Tive a intuição de se tratar de uma paisagem europeia e, como muitas têm rios, pretendia descobrir se se tratava de cenário conhecido.

– Giovanna, dentro de alguns instantes vou tocar em seu ombro, e vamos viajar para o futuro dessa vida, cinco anos à frente.

– Onde você está?

– Estou em minha casa.

– E seu marido, mora com você?

– Sim.

– Você tem filhos?

– Tenho um. Mio bambino!

Não era a primeira vez que Ana se recordava de palavra em outro idioma, mas era a primeira vez que se comunicava por meio da língua italiana.

– Seu bambino? E que idade tem seu bambino?

– Tem quatro anos.

– Qual o nome dele?

– Fernando.

– Em que ano você está, Giovanna?

– Em 1832 – respondeu prontamente.

Em poucas ocasiões Ana conseguiu datar sua regressão. Desta vez, a resposta veio prontamente, talvez por se tratar de lembrança mais recente.

– Quantos anos você tem?

– Tenho quase trinta.

– E seu marido, ainda é capitão?

– Não, a guerra já acabou, ele não ... não... – Ana procurava a palavra certa.

– Deu baixa?

– Isso, deu baixa.

– Mas o que ele faz atualmente como profissão?

– Ele trabalha para eles, presta consultoria ou algo assim.

Ana não sabia explicar exatamente as verdadeiras ocupações do marido. Talvez não tivesse essa lembrança ou o mais provável, ou seja, ela não sabia exatamente sua ocupação. Sei que era comum as mulheres cuidarem da casa, ocupando-se com a educação dos filhos, os afazeres domésticos apenas, não se inteirando das atividades profissionais de seus maridos.

– Onde isso?

– Moro um pouco fora da cidade, num lugar muito grande.

– Sabe dizer em qual cidade? Paris? Você consegue ouvir o nome desse lugar?

– Moni... não tenho certeza.

– Muito bem, Giovanna. Quando eu tocar em seu pulso, vamos viajar até seu último ano de vida. Dentro de instantes.

– Onde você está? Na mesma cidade?

– Na mesma casa, na mesma cidade.

– Ah, sim, e você tem filhos?

– Tenho três filhos, um menino e duas meninas.

– Sim, Fernando, não é?

– Sim, Fernando, o mais velho, Ana Clara e Brigitte a mais nova.

– Quantos anos você tem, Giovanna?

– Tenho 61 anos.

– Brigitte já é adolescente... eles estudam, os filhos?

– Fernando é casado, tem dois filhos Gêmeos, Augusto e Eduardo. As meninas estão sendo preparadas. Somos de uma família muito rica. Elas vão arrumar bons casamentos.

– Ah, sim, ela já tem namorado, então?

– Tem sim!

Giovanna era orgulhosa de seus filhos, era fácil de perceber, a julgar pela maneira como falava deles.

– Entendo. Fernando. "Il tuo bambino".

– "Parles tu français"? – Perguntei.

Considerando que seu marido era francês e que, provavelmente, residisse na França, tentei dirigir-me a ela em francês.

– "Un tout petit peu"

Ana havia respondido em perfeito francês: "um tout petit peu" significa um pouquinho em português. Porém, o que diria a seguir iria me surpreender ainda mais, porque eu sabia que Ana não falava nem o Inglês, quanto mais o francês. Mais tarde, vim a saber que ela nem sequer tinha ouvido o francês antes, quanto mais falado nessa língua.

– Meu marido fala assim "Un tout petit peu. Parlez-vous italien?"

Ana perguntava se eu falava italiano.

– "Domage! Je ne parles pas très bien l'italien" – desculpei-me em francês, afirmando não falar bem italiano.

– "Mais, tu parles três bien le français!" – Encorajei-a, dizendo que ela falava bem o francês.

- "Non, pas de tout. Je préfère L'italien" – respondeu mais uma vez em francês, dizendo preferir o italiano e que não falava tão bem o francês.

- E seus filhos? Em que língua você conversa com eles?

- Eles falam italiano comigo.

Ana estava sentada, disse-me que estava numa varanda, em cadeira confortável e, neste momento, passa a mão pelo colo.

- Que você tem aí no colo?

- Quando os filhos crescem, ficam os netos e os gatos.

- Você tem gatos?

- Sim.

- "Brigitte, c'est um nom français, n'est pas? C'etait ton mari qui a choisi le nom?"

Mais uma vez lhe endereçava uma pergunta em francês, perguntando-lhe se o nome de sua caçula, Brigitte, havia sido escolha de seu marido.

- "Oui", foi escolha de meu marido – respondeu afirmativamente em francês!

- Mas você prefere falar italiano! – disse-lhe, para dar continuidade à conversa.

- Sim, é difícil viver longe de sua terra natal. Por sorte falo em italiano com meus filhos, embora minha cabeça já não seja mais a mesma. Nessa idade vamos esquecendo tudo. Pouco me lembro de francês.

- Sim, é difícil, mas você vive bem, não?

– Sim, minhas preocupações são meus netos e meus gatos.

Mais uma vez, julguei que já era hora de ouvir o que Ana tinha a dizer sobre esta vida, da mesma forma que eu fizera em outras regressões.

– Giovanna, quando eu contar até três e tocar nos seus ombros, vou conversar com Ana Carolina. Um, dois e ... três. Pronto. Carol?

– Gente! Que é isso?

– Onde é que você aprendeu francês e italiano? – Perguntei, curioso.

– Eu não sei nada de francês. Eu entendia o que você dizia. Mas não sei nada de francês, muito menos de italiano.

– Mas você entendia o que eu dizia. Você entende esta frase: "C'etait ton mari qui a choisi le nom de ta petite fille?"

– Não entendi nada do que você disse. Eu já disse, não sei francês. Acho que nunca assisti nem a filme em francês

– Já assistimos um, sim, você se lembra, a história daquele homem paraplégico que contrata um outro para ser sua babá? – Disse Carlos, relembrando-a do episódio.

– Ah, mas eles nem falam em francês, quase – respondeu-lhe Ana.

– Um personagem fala, sim – retrucou ele.

– Ah, mas não me lembro de nada. Eu não entendia nada no filme, quanto mais agora, depois de tanto tempo.

Caro leitor, por mais intrigante e interessante que estivesse essa conversa, tivemos de encerrar essa regressão. Já era tarde e Carlos me havia advertido do adiantado da hora. Era preciso encerar. Assim, fiz Ana voltar completamente a si, deixando a vida de Giovanna para trás, trazendo-a de volta, sugestionando-a para que trouxesse somente o que lhe fosse útil e proveitoso.

XII

Giovanna, por Ana Carolina

Passadas algumas semanas após a última regressão, já descansada e com os compromissos em dia, estava pronta para a próxima porta e, desta vez, era alta e tinha coloração rosa clarinho, situada do lado esquerdo do corredor, quase de frente para a porta que me havia levado para a vida de Domitila.

Entrei, a imagem ficou escurecida por alguns segundos a mais que o de costume, foi clareando aos poucos e, quando se formou finalmente, pude ver, estava num salão de festas. Flores lindas e delicadas ornamentavam o ambiente. Várias mesas arrumadas em perfeita ordem, com um arranjo de flores em cada uma delas, cadeiras elegantes combinando com a sobriedade do ambiente. Um lustre magnífico ao centro e outros dois menores mais distantes. Um piano ao fundo mais à direita, janelas compridas com cortinas claras e longas nas janelas. Pude ver muitas pessoas, algumas sentadas, outras em pé conversando, outras ainda andando pelo salão. Todos muito bem arrumados, vestidos lindos e finos, homens trajando fardas bem alinhadas com adereços militares.

Havia uma moça parada de costas, próxima à entrada do salão, usava um vestido longo de cor salmão. Pele clarinha, jovem, cabelos pretos presos em um penteado bonito com um enfeite brilhante na lateral.

A imagem foi se aproximando e exatamente como nas outras vezes passei a ver com os olhos dela, passei a ser ela, seus sentimentos e lembranças foram tomando conta de mim.

Durante minhas lembranças e visões, nem tudo do ambiente à minha volta se apresenta com riqueza de detalhes. Eu não saberia dizer, por exemplo, o que existia em cima daquelas mesas com exatidão, ou conseguir descrever a fisionomia de cada pessoa naquele salão, embora eu consiga dar detalhes de mim mesma, não só com relação às minhas vestimentas, mas também com relação aos sentimentos e emoções que sinto nessas vidas.

O professor perguntou onde eu estava, falei-lhe sobre o salão e do que eu usava. Sentia o vestido longo de tecido fino e suave sobre a pele, usava uma pulseira e um colar brilhantes. Sentia o cabelo arrumado e preso e a textura do batom.

Eu estava bastante nervosa e ansiosa. Seria a primeira vez que eu veria meu noivo pretendente pessoalmente. Estávamos prometidos em casamento. Eu só o conhecia por um retrato. Chamava-se Fernando Mogliani, capitão de infantaria do exército francês.

Como seriam sua voz, seu sorriso, seu cheiro, suas maneiras de ser? Seria um homem bom e gentil? Tantas perguntas e dúvidas me passavam pela cabeça. Todos diziam que era um bom homem, excelente partido.

Minha família estava lá, a família dele também. Minha mãe cuidava para que tudo estivesse perfeito e se postava sempre ao meu lado ou bem próxima, com cuidados e desvelos típicos de uma boa mãe. Elegante e cuidadosa como ela não havia igual no mundo. Meu pai sempre em boa conversa com os homens do lugar. Amigos próximos e algumas pessoas importantes da cidade também estavam presentes. Amigas mais íntimas também estavam ali como damas de companhia.

Ele estava prestes a chegar e meu coração batia acelerado. Podia ouvir o murmúrio das conversas e risos ao redor. Graciosa melodia era executada num lindo piano branco.

O professor perguntou meu nome, foi difícil lembrar no início, mas logo ouvi uma moça, uma amiga, que me chamava de Gi. Então, lembrei-me de meu nome, chamava-me Giovanna Arelli. Ele também ficou surpreso por eu ter lembrado com clareza meu sobrenome. Perguntou-me sobre minha família. Éramos de uma família de italianos, lembrava-me de meus pais e das palavras em italiano. Meu noivo era de família francesa, era Capitão da infantaria e servia na França. Ele se ausentava com frequência e era comum ficar fora por longos períodos.

O professor estava curioso a respeito do salão e da cidade onde se situava. Sabia que ficava no centro da cidade, pude ver a rua e algumas carruagens. Lembrei-me da carruagem que me trouxera ao salão pouco antes. Pude ver o grande jardim ornamentado com flores coloridas e diversas, além de uma estátua de cavalo branco postada no jardim de entrada. Eu via a entrada do salão, a escadaria e as grandes colunas que ficavam em frente. O nome do salão era confuso nas lembranças, algo como "De Las Flores".

Não sabia responder com clareza todas as perguntas que me eram formuladas e por essa razão fui levada para o futuro dessa vida, cinco anos adiante. Imagens rápidas passaram diante de mim agora. De repente, em questão de segundos, tudo se fez escuro e calmo e, subitamente, pude ver uma casa grande e muito bonita, cercada de verde por todos os lados, um pouco afastada da cidade, de cujo nome eu não conseguia me lembrar. Logo em seguida, fui atraída novamente para dentro do corpo de Giovanna. Agora eu estava em um dos cômodos da minha casa, móveis lindos e confortáveis, muita coisa em madeira escura. Tudo de meu agrado. Sentia-me segura, feliz. Contava aproximadamente trinta anos de idade. O ano era 1832. Já havia me casado com o capitão e tido nosso primeiro filho, "mio bambino" – expressão que me veio à mente de modo tão natural que nem percebi que falava italiano –, que já estava com quatro anos de idade. Chamava-se Fernando, igual ao do pai. A imagem do meu filho me veio à mente, sorriso doce e o rostinho bem desenhado de criança.

Sempre que possível meu marido ficava em casa. A guerra já havia terminado, pediu baixa e trabalhava apenas dando consultoria nessa área, não sei bem ao certo o que fazia, trabalho de homem. O bom é tê-lo em casa, eu o amo muito e ele a nós. Eu já não tinha mais, evidentemente, os receios que tinha em relação a ele. Fernando era um homem forte, mas gentil e carinhoso comigo e com nosso filho.

O professor pediu então que fôssemos até o último ano daquela existência. Cenas rápidas passaram pela minha mente, como numa espécie de filme. De repente, tudo se fez escuro à minha volta. Como de outras vezes, quando tudo ficou nítido, pude ver nossa casa. Via uma grande janela que dava para uma varanda com alguns vasos altos de flores. Não demorou muito e eu já era Giovanna. Estava sentada em uma bonita e confortável poltrona próxima dessa janela. Dali avistava-se o campo e eu sentia que ali era meu lugar preferido na casa. Em meu colo, uma gatinha bem peluda, sentia o toque do pelo macio que eu alisava carinhosamente.

Contava agora com 61 anos de idade aproximadamente. Lembrei-me de que tinha três filhos: Fernando, Ana Clara e Brigitte.

Um sentimento de amor materno invadiu-me o peito, um sentimento que já não me era de todo desconhecido, pois ainda estava presente em minha mente as lembranças da vida de Domitila e seus cinco filhos.

Fernando, o filho mais velho, havia se casado e já era pai de dois filhos, os gêmeos Augusto e Gustavo. Ana Clara, a mais velha dentre as meninas, e Brigitte, a mais nova, já estavam prometidas a excelentes casamentos. Éramos de família rica e o casamento era o destino esperado para as filhas e a preparação delas para o casamento era um dos alvos da dedicação materna.

Nesse momento, quando essas imagens se apresentavam aos meus olhos, dirigiu-me o professor algumas perguntas em francês, língua materna de meu marido. Mergulhada nessas experiências, soou-me natural tal língua, estava habituada a ela, principalmente devido às conversas familiares com meu marido.

Mais tarde, ao despertar, vim a saber da surpresa que minhas respostas causaram em meu noivo, pois eu nunca tinha aprendido francês. Na verdade, só havia ouvido um pouco da língua por ocasião de um filme a que assistimos juntos. Natural que eu também estivesse bastante surpresa, afinal de contas tudo parecia confirmar não se tratar de mera criação da mente.

A conversa em francês continuava. Cheguei até a perguntar ao professor se ele sabia italiano, minha língua materna, com a qual eu tinha obviamente mais intimidade. Conversamos um pouco mais sobre mim e sobre minha gata, que, em dado momento, saltou-me no colo, surpreendendo-me de tal maneira que, de súbito, soltei expressão em italiano para mim desconhecida, mas que fazia todo sentido para Giovanna.

Lembrei-me muito bem das saudades que eu sentia da Itália, minha terra natal. Ensinei a meus filhos o italiano. Lembro-me da família maravilhosa que tive o privilégio de ter, além das coisas maravilhosas que aprendi durante essa vida como Giovanna. Sentia-me feliz e realizada, mas, como já não era mais uma criança, vi-me cansada, minha mente já não era mais a mesma, eu tinha a impressão de que me esquecia das coisas com facilidade.

O Professor pediu para que eu deixasse aquela vida e voltasse a meu escuro e calmo. Aos poucos me despertou. Estava de volta à sala, retornando de mais uma experiência incrível. Mais uma vida, mais um aprendizado. Foi assim que despertei com o mesmo sentimento de Giovanna com relação à vida: gratidão plena.

XIII

Winna

Durante a Segunda Grande Guerra, em 1939, os holandeses já haviam testemunhado as investidas nazistas contra a Polônia. A Inglaterra e a França já tinham declarado guerra aos alemães. Em abril de 1940, Dinamarca e Noruega também são invadidas pelas tropas nazistas.

Antes da ocupação nazista na Holanda, a Europa Ocidental já vislumbrava nos planos de dominação alemã suas intenções de não respeitar a neutralidade da Holanda, uma vez que os planos de dominar toda a Europa eram particularmente evidentes.

Na manhã de 10 de maio de 1940, unidades do exército alemão invadem a Holanda, apoiados pela temida força aérea alemã, a Luftwaffe, que bombardeia aeroportos e alvos militares. A intenção era forçar a Rainha Wilhelmina e o governo holandês à rendição.

Em 10 de maio de 1940, soldados alemães são avistados pelas ruas da localidade de Noodereiland, em Roterdã. Porém, essa tentativa de intimidação por parte da Alemanha encontra forte resistência holandesa. Apesar de possuir um exército bastante inferior ao das forças alemãs, os soldados holandeses resistem com bravura às primeiras investidas do invasor, destruindo importantes vias de acesso, mas não o suficiente para impedir o inevitável. De seu lado, os alemães não querem perder tempo com a guerra no território holandês e, em 14 de maio, o general alemão Schmidt propõe ao comandante holandês que se renda, caso contrário, um ataque massivo por terra, apoiado por bombardeiros, seria comandado pelos nazistas.

Porém, sem que o Schmidt tivesse ciência, os planos do general alemão Hermann Goring, na cúpula do comando alemão, eram o de forçar a rendição completa holandesa e, sem tomar conhecimento do ultimato do general Schmidt e antes que o prazo dado aos holandeses expirasse, por volta das 13h30, horário local, Roterdã, capital holandesa, é bombardeada.

Em poucas horas, a cidade é devastada, deixando algo em torno de oitenta mil desabrigados e de aproximadamente mil mortos.

Iniciava-se, assim, a ocupação nazista no território holandês, que duraria até 1945, com a libertação liderada pelo exército canadense.

***

Praticamente um mês inteiro havia se passado desde a última regressão de Ana Carolina. Nesse ínterim, ela escrevia suas impressões das regressões anteriores, além de começar a desenhar algo que mostrasse um pouco do que só ela podia ver.

Durante a semana, combinamos com Ana a realização de mais uma sessão de regressão, o que ficou marcado para a terça-feira mais próxima.

Chegado o dia, apesar de tudo transcorrer sem qualquer nota especial, guardava eu certa expectativa com relação ao nosso encontro de logo mais à noite. Também ela, certamente, deveria guardar a mesma expectativa, afinal de contas estávamos muito animados com essas experiências.

À hora marcada, logo depois das 22 horas, assim que todos os alunos já haviam deixado a sala de aula, ajeitávamos o ambiente a fim de deixá-lo minimamente organizado para a nossa sessão.

A sala em que realizávamos as sessões era na verdade a sala de espera de um antigo consultório médico, hoje transformado em pequena sala de aula destinada a estudos.

Ana se acomodou num dos sofás mais próximo à porta de entrada, com lugares suficientes para que eu me sentasse ao seu lado. Em seguida, pedi-lhe que fechasse os olhos e que sua mente buscasse as lembranças de seu último transe, induzindo-a assim mais facilmente a acessar esse estado favorável à regressão que estávamos para iniciar.

Em questão de segundos, vi sua fronte inclinar-se à frente, seus olhos se revirarem sob as pálpebras num sinal claro de transe profundo.

– Carol, daqui a instantes, vamos mais uma vez viajar no tempo, para mais uma vida. Vamos iniciar uma contagem regressiva e você vai voltar para a vida que teve como Merina.

Como podem observar, eu tentava fazer Ana voltar a uma vida a que ela já havia regressado em uma de nossas sessões anteriores.

– Não consigo – respondeu com voz fraca.

– Não há problema. Não faça nenhum esforço. Façamos o seguinte: voltemos ao corredor, aquele que você já conhece, com muitas portas. Coloque-se diante de uma delas. Isso. Está diante de uma?

– Sim – respondeu depois breves instantes.

– Então, coloque a mão na maçaneta dessa porta e, quando eu terminar a contagem regressiva, você a abrirá.

Assim que terminei a contagem, perguntei-lhe:

– Onde você está agora?

– Silêncio!

– O quê? – Perguntei, surpreso com a reprimenda.

– Silêncio!

– Você está em alguma espécie de culto religioso?

Foi o único pensamento que me ocorreu naquele momento, devo dizer.

– Espero ordens – sussurrou mais uma vez.

– Você está sozinha? Que ordens?

Nem é preciso dizer que eu estava muito interessado naquele relato.

– Todas estão aguardando – respondeu Ana.

– Onde você está, um lugar fechado?

– Todas estão aguardando – insistiu Ana.

– Você sabe me dizer o que está acontecendo agora?

– Está muito tenso aqui agora, esperamos os doentes, esperamos os feridos! – Disse Ana, demonstrando uma grande aflição no modo como se comportava e falava.

– Ah, você é uma enfermeira socorrista!

– Sim – respondeu.

– O que você está vendo?

– Muitos homens vão chegar. Tivemos muito pouco tempo de treinamento – disse, pronunciando algo incompreensível.

– Muitos feridos, isso? Alguma guerra?

– Sim – respondeu.

– Que guerra é essa, ela tem nome?

– A Grande Guerra!

– Onde você está agora?

– É uma barraca esverdeada, esquisita, é a ala de enfermagem da Nona.

– A Nona Companhia?

– A Nona Divisão – corrigiu-me de imediato.

– Americana?

– Não, Roterdã – corrigiu-me.

– Ah, Holanda! Vocês serão invadidos por tropas alemãs?

– Acho que sim ...

– Você sabe que vão tomar aqui, não sabe?

– Acho que sim... talvez... tomara que não – respondeu aflita.

– A Nona Divisão, fica em Roterdã? Ela tem outro nome? Nona Divisão...

– É só isso que eu sei – respondeu-me, continuando a seguir – somos doze.

– Doze?

– Doze mulheres para mais de 300 homens – disse, visivelmente aflita.

– Você é holandesa?

– Sim – respondeu prontamente.

– Você consegue se ver?

– Consigo. Uso roupas brancas, um chapéu. Tenho um avental. Ah esse silêncio!

Seu nervosismo e preocupação eram evidentes. Contou-me também que todas as enfermeiras estavam restritas a um canto da tenda. Mais tarde é que vim a saber que seu oficial superior era uma mulher, a qual, diferente dela e das outra enfermeiras, trajava uniforme típico do exército.

A grande barraca onde eram recebidos os feridos estava repleta de macas dispostas em fileiras com muitos panos brancos pendurados em varais ou divisórias.

- Tá te deixando aflita? - Perguntei, referindo-me ao silêncio.

- Muito - respondeu de pronto.

- Você consegue ouvir alguma palavra dessa língua?

- "Verwond... verwond..."

- "Oors... " - tentou pronunciar, encontrando dificuldade com as palavras que ouvia.

- Sabe o que significam?

- Sei, sim, significam feridos e guerra.

- Você pode repetir as duas palavras?

- Oors... algo assim, não consigo identificar com precisão.

- Isso - disse-lhe eu, tocando em sua testa a fim de estimular suas lembranças.

- Escuto a palavra "verwond" também- completou.

- Qual seu nome?

- Winna - respondeu, depois de breve pausa.

- Como se soletra?

- W. I. N. N. A.

- Winna de quê? Olhe em sua identidade.

- N. O. R. D. W. I. S .H. - Soletrou.

- Você consegue pronunciar?

- Não - Acenou negativamente com a cabeça.

- Não tem problema, depois a gente vê. Muito bem, está combatendo a Alemanhã?

– Ah, Sim.

Nesse momento, Ana interrompeu-me, sussurrando:

– Não sei. Não consigo entender, está muito silêncio, estão nos pedindo silêncio.

– Você consegue ver o tipo de armamento que os soldados têm?

– Não, aqui a gente fica fechada, é a primeira vez que os soldados são trazidos. A gente não tem nada, a gente não tem medicamentos suficientes. Não temos nada, não temos medicamentos suficientes. A gente não tem nada.

Ana repetia as mesmas falas, à medida que fazia um grande esforço para se concentrar nas minhas perguntas.

– Em que ano você está?

– 1937. Acho que é isso, não tenho certeza, passou muito tempo sem a gente saber.

– Ah, sim, poderia ser mil novecentos e quarenta e alguma coisa e você não saberia dizer, você não tem certeza, isso?

– Sim – respondeu prontamente – não sei quanto tempo.

– Qual sua idade?

– Sou jovem, não estou certa.

– O ano de seu nascimento?

– 1917... – respondeu, indecisa.

– Dezessete?

– Sim, acho que sim – respondeu.

Percebi que a datação lhe demandaria muito esforço, então decidi dar outro rumo à nossa conversa:

– Você é casada? Seu marido está na guerra?

– Sim.

– Você sabe onde ele está?

– Ele pertence ao segundo – respondeu – faz muito tempo que eu não o vejo, todas nós, né? O medo é maior.

– Entendo! Você sabe desenhar?

– Um pouco.

Minha intenção era fazê-la desenhar o que ela via naquela vida, talvez algum símbolo ou qualquer coisa que pudesse contribuir com uma melhor descrição do local e talvez da data. Assim, levantei-me e fui buscar lápis de cera e papel.

Ao voltar, sentei-me novamente ao seu lado, abrindo a caixa de lápis e o bloco de papel, colocando-o em seu colo. Nesse instante, Ana me interrompe mais uma vez:

– Recebemos as ordens – disse ela, informando que sua superiora estava transmitindo as instruções.

Como em muitas outras regressões que eu já havia realizado, Ana parecia viver dentro daquela existência, experimentando, ouvindo e sentido tudo à medida que os acontecimentos iam acontecendo. Assim, aguardei alguns momentos para lhe fazer a próxima pergunta.

– Já recebeu as ordens, o que é para fazer?

– A tenente está falando – disse Ana, levando a mão direita aos ouvidos, tentando ouvir as ordens que lhe eram passadas.

- Você consegue ouvir?

- Consegue repetir o que ela está falando?

- Não, ela fala muito rápido.

- Mas você entende?

- Sim, eles vão chegar a qualquer hora. Vamos receber os feridos, mas seremos apenas seis aqui. As outras vão para a Primeira. As ordens são para a gente salvar quem a gente puder.

Ana quase não conseguia completar a frase, porque as lágrimas corriam por suas faces, sufocando-lhe as palavras. Mesmo assim, continuou:

- Matar quem a gente não conseguir salvar.

- Não dá para desperdiçar muito material, não é? - Disse-lhe eu, completando-lhe o raciocínio.

- Sim, é para guardar só para aqueles que têm chance de sobrevivência.

Ana chorava. Por isso, dirigi-lhe algumas palavras calmantes e tentei mudar o rumo da conversa. Num diálogo interno que travava comigo mesmo eu perguntava se ela conseguiria desenhar ou escrever enquanto estivesse no transe. Pedi-lhe então que segurasse o giz de cera, mas Ana explicou-me que o nervosismo talvez não a deixasse escrever nada. Mais uma vez transmiti-lhe calma e conforto. Aos poucos ela foi capaz de segurar o giz, mas reclamou da escuridão. Sugeri então que eu acenderia uma luz, para que ela enxergasse melhor. De fato, a sala já estava bastante iluminada, mas Ana estava com a mente em outro lugar e ali estava escuro. A sugestão pareceu funcionar, porque logo a seguir Ana tomou do giz, aproximou seu rosto do bloco e pôs-se a escrever seu nome. Logo que concluiu, disse-me que tinha muito o que fazer, que a estavam esperando, que precisavam dela. Parecia realmente aflita. O dever a chamava, obviamente. Mesmo assim insisti, dizendo que me haviam concedido um tempo a mais com ela e que ela poderia escrever mais alguma coisa. Solicitei-lhe, então, que escrevesse as duas palavras da língua holandesa que ela havia pronunciado. Surgiram algumas a letras: oorog. Porém, afirmava que havia outra letra a qual ela não conseguia identificar, explicando-me tratar-se de nervosismo. Depois pedi-lhe que traduzisse. Ana não se fez de rogada, respondendo tratar-se da palavra guerra. Em seguida escreveu a palavra "verwond", cujo significado disse ser feridos. Ao pesquisar mais tarde, qual não foi nossa surpresa ao descobrir que guerra e feridos em holandês se traduzia por "oorlog" e "verwond", respectivamente. Eu estava impressionado. Não se tratava de uma língua fácil, além do mais, ela nunca tivera contato com o holandês.

De volta à regressão, vi suas mãos trêmulas, a lágrimas que escorriam pelo seu rosto. Decidi que já era hora de conversar com Ana Carolina, a fim de que ela pudesse relatar com suas palavras o que ela via e sentia naquela regressão.

- Winna? Winna de que mesmo?

- Winna Nordwish - respondeu.

- Ok, Winna, quando eu tocar em seu braço esquerdo, vou conversar com Ana Carolina.

- Oi. Nossa! Gente! - Disse Carol, assim que lhe toquei os braço.

- Oi, Carol. Você é viajante do tempo mesmo, não é? - Disse-lhe eu, sorrindo.

- Gente! Não é uma sensação muito boa, não. Há muitas macas, tudo muito junto - disse ela, tentando esboçar um sorriso.

- Nona divisão?

- Nona divisão. É uma tenda grande, esverdeada, com muitos panos brancos por todos os lados. Não sei se são divisórias de camas ou se só estão pendurados ali.

- Nome do marido, você se lembra?

- Não.

- Roterdã na Holanda, isso?

- Sim!

E se você me pedir para voltar para ela - continuou Carol, aflita- nem sei se consigo voltar.

- Não? Vou lhe ensinar uma coisa. Respire profundamente. Isso, mais uma vez, profundamente, cada vez mais profundamente... isso... assim...e assim... entre... isso!

- Onde você está agora, Winna?

- Estou esperando. Eles estão chegando. Consigo ouvir o barulho agora.

- Winna, você é uma socorrista da Nona Divisão, não é? No momento em que eu tocar em seu ombro, viajaremos alguns anos para o futuro dessa vida, talvez 5 anos adiante, isso, profundamente nas memórias.

Reparei que Ana não respondia, estava imóvel, então insisti em chamá-la. De imediato, levou a mão esquerda ao ouvido esquerdo, aparentando sentir muita dor ou desconforto.

– Winna? Está meu ouvindo?

– Sim – respondeu com dificuldade – mas não estou escutando direito.

– Ah, você não me ouve bem?

– Não – respondeu apenas com um aceno de cabeça.

– Melhorou um pouco? – Disse, erguendo o volume da minha voz.

– Não – respondeu, mais uma vez levando suas mãos aos ouvidos.

– Durante a guerra você teve um problema com bombas?

– Sim.

– Então, Winna, façamos o seguinte. De onde eu venho, temos recursos médicos mais avançados. Vou colocar em seu ouvido um aparelho que irá corrigir sua deficiência auditiva e você poderá ainda regular a altura do som a seu gosto. Tudo bem para você? Você acredita nisso?

– Sim – respondeu, confiante.

– Então vou implantar um aparelho em seu ouvido e também vou aplicar uma injeção aqui próximo, ok?

– Sim –respondeu, apenas com um aceno de cabeça.

Então, prontamente, fiz o gesto de levar algo aos seus ouvidos, como se estivesse implantando um aparelho auditivo e pude notar suas expressões faciais durante o procedimento, como se ela passasse a ouvir o que eu dizia com mais clareza. Em seguida, suspirou profundamente, em sinal de alívio da dor.

– Está me ouvindo bem agora?

– Sim – respondeu mais uma vez, apenas com um aceno de cabeça.

– Winna, onde você está?

– Em minha casa – respondeu depois de longo e profundo suspiro.

– A guerra já terminou?

– Já.

Porém, mais adiante, descobri que ela se referia ao ataque sofrido por seu país, culminando com o domínio do invasor, e não à guerra propriamente dita.

– Marido?

– Não – respondeu, com uma visível tristeza na voz.

– Não regressou?

– Acho que ninguém volta de verdade da guerra, né! – respondeu, demonstrando profundo conhecimento dos traumas deixados por uma guerra.

– Se volta, não volta inteiro, isso?

– Sim.

– Mas ele não voltou?

– Não, não sei o que aconteceu.

– Você mora com quem hoje?

– Estou morando na casa, com pessoas como eu.

– Pessoas como você? Como assim?

– Pessoas que perderam tudo na guerra.
– Um alojamento coletivo?

– Uma casa – respondeu, esclarecendo-me que não se tratava de nenhum alojamento militar provisório, mas uma casa destinada a esse fim, talvez.

– Ah, uma casa, sim! Que endereço?

– Eu não sei. Todas vêm para cá. Principalmente os ex-combatentes.

– A gente não tem nada. Eles ganharam. Dominaram o meu país. Não sobrou nada de onde eu vim. Não há ninguém que eu conheça. Essa região onde estou é mais segura.

– Você sabe dizer onde fica esse lugar?

– Mais ao norte.

– Você sabe o nome do lugar?

– Acho que nem tem mais um nome, mas é um lugar seguro.

– Bem, vou tocar em seu ombro e vamos viajar no tempo ainda mais nessa vida, para última semana de vida desta vida, ao contar de cinco até um. Isso, agora, vá para sua última semana de vida.

Ao dar-lhe a sugestão, toquei em seu ombro e, ao fazê-lo, percebi o aprofundamento de seu transe. Nesses momentos, como já mencionei em capítulos anteriores, sua respiração fica perceptivelmente mais pesada, não raro sendo registrada pelo gravador digital que utilizamos para captar nossos diálogos durante essas regressões.

– Qual sua idade? Você é jovem?
– Não faz muito tempo.
Creio referir-se ela ao tempo compreendido entre aquela situação de socorro às vítimas e o presente momento, fazendo-

me supor que, talvez, só tivessem transcorridos poucos dias ou semanas desde sua estada na unidade de enfermaria.

– A guerra já acabou?

– Não sei se ela acabou. Está muito barulho em volta. Tenho medo que eles voltem. Meu coração dói.

Nesse momento da regressão, parecia que Ana já estava cansada e decidi pôr fim a essa experiência e, portanto, pedi que deixasse essa vida e que voltasse ao momento presente.

– Muito bem, Ana. Vou tocar em seu ombro e, assim, você vai relaxar. Toda a dor vai passar, toda preocupação se vai. Passam-se as angústias, medos e essa vida vai-se embora, fica para trás. Ao tocar em seu ombro, vou falar com Carol. Vamos aos poucos voltando para vida atual. Contando de um a dez, você vai recobrar a consciência e abrir os olhos, vagarosamente, ao seu tempo.

E assim terminamos mais uma regressão. Era natural que estivéssemos cansados, ao mesmo tempo em que muitas ideias me passavam pela cabeça. A primeira, de pesquisar tudo aqui, em busca de confirmação do que acabávamos de presenciar.

XIV

Winna, por Ana Carolina

Eu estava ansiosa por mais uma experiência regressiva. Embora já estivesse acostumada ao transe e à regressão, cada nova experiência era como se fosse a primeira. Uma vez mergulhada no transe, voltava ao meu escuro e calmo e, em seguida, naquele corredor de muitas portas.

A porta escolhida desta vez era um tanto menor que as outras escolhidas em outras sessões e possuía um tom verde escuro. Aproximei-me, abri-a e entrei. Talvez essas portas com cores e formatos diferentes sejam apenas criações da minha mente para me facilitar o acesso às memórias, mas isso não torna esses experiências regressivas menos verdadeiras para mim

Ao entrar, vi um lugar aberto com algumas tendas verdes, como um acampamento militar. Não pude ver muitos detalhes à minha volta, porque rapidamente fui atraída para dentro de uma dessas tendas. Lá dentro, macas dos dois lados e um corredor no centro. Alguns panos brancos pendurados entre as macas, talvez divisórias improvisadas. Algumas moças andavam por entre as macas, umas arrumando, outras contando e organizando medicamentos e objetos de enfermagem. Todas vestidas de avental branco e pequenos chapéus também brancos. Próxima a uma das macas, no lado direito, havia uma moça de costas, cabelos castanhos presos num coque, laço grande do avental amarrado na cintura. Por baixo do avental havia um vestido também branco. Esta imagem aos poucos se aproximou e, como de outras vezes, passei a ser aquela moça. Eu era enfermeira e servia no que eu entendia ser a nona divisão situada em Roterdã, Holanda, durante a Segunda Guerra. Eu e outras enfermeiras ali aguardávamos a vinda de muitos homens feridos na guerra. Havia uma certa sensação de despreparo e desespero em mim, um aperto no peito que nunca havia sentido em minha vida. Éramos enfermeiras com treinamento básico, mas insuficiente para enfrentarmos o que estava por vir. Eu sabia que estávamos sento atacados, mas nenhuma informação detalhada chegava até nós. Eu sentia uma angústia e um nó na garganta que, aliados ao silencio ali reinante, só pioravam a situação. O professor tentava me acalmar, desviando minha atenção para outras questões além da guerra. Quis saber se eu ouvia algumas palavras ao redor. Com muito esforço e atenção, mas com dificuldade, consegui pronunciar as palavras "vervwond" e "oors". Esta última eu não tinha muita certeza, parecia que alguma letra estava faltando. Sabia seus significados em holandês, feridos e guerra, mas era só.

O Professor me perguntou o nome e dei-me conta de que me chamava Winna Nordwish. Eu havia nascido em 1917. Meu marido era soldado e também servia na guerra. Eu não o via há muito tempo, embora soubesse que servia na segunda divisão. Não tínhamos filhos. A tristeza era constante, pois a guerra havia mudado totalmente nossas vidas e nossos planos de futuro.

Minha visão nesse momento não ia além do que acontecia dentro daquela barraca, onde silêncio, expectativa e muito medo nos acompanhavam. Havia pouco tempo que estávamos ali e, embora principiantes e inexperientes, fazíamos o melhor ao nosso alcance. Além disso, medicamentos e instrumentos médicos eram muito escassos.

Enquanto estávamos nessa expectativa, as ordens que nos eram endereçadas começaram a chegar. A tenente estava parada à entrada da barraca e dali passava as instruções. Nesse instante, fui tomada por uma grande aflição e meu coração parecia que não iria resistir. As ordens que ouvia davam conta que seis de nós deveriam ir para a primeira divisão e as restantes ficariam ali mesmo e eu era uma das que permaneceria. Além disso, nossas ordens eram para não desperdiçar remédios e tempo com aqueles que não apresentassem condições de recuperação.

Como se pode imaginar, essas ordens me impactaram imensamente. Foi impossível conter as lágrimas, a tristeza e a dor. Nesse momento, a imagem de meu marido me veio à mente. E se ele estivesse agora nas condições descritas por nossa chefe, ficaria ele sem assistência, fadado ao abandono e à morte? Essa visão me perturbava enormemente.

Enquanto isso, no processo de regressão, o professor Archangelo continuava seu diálogo comigo, embora eu estava deveras preocupada com as tarefas a cumprir, com as providências a serem tomadas. Eu não entendia como seria possível ficar conversando em meio àquele caos, não fazia sentido para mim. Porém, sua insistência foi tal que me vi compelida a escrever as palavras que eu ouvia, embora eu não entendesse bem o porquê daquilo tudo. Fiz o que pude e entreguei a ele. Tinha de ir, havia trabalho a ser feito.

Vendo toda aquela minha pressa e aflição, o professor tocou em meu braço, para que eu deixasse momentaneamente aquele transe. Quando voltei a ser eu mesma, os sentimentos de Winna ainda estavam comigo, sentia o rosto molhado das lágrimas, um leve aperto no peito, eu sentia as aflições que eram dela. Descrevi o que me foi possível descrever.

Em determinado instante, percebi que deveria voltar para dentro de Wina, mas eu sabia que aquilo seria difícil, pois passar por aquela experiência estava sendo realmente muito difícil. Percebendo isso, o professor me acalmou, pediu para eu respirar fundo e, sem que eu percebesse, vi-me novamente naquela vida.

De volta a Winna, pude ouvir a agitação da chegada dos feridos à enfermaria, mas, antes que eu pudesse vê-los, o professor tirou-me daquela cena, pedindo-me que avançasse alguns anos naquela vida. De imediato, imagens cruzaram rapidamente minha mente e me vi um pouco mais calma e segura. Voltei por um segundo ao meu escuro e calmo e, em seguida, tudo ficou mais nítido. Pude ver uma casa grande, dois andares, muitas janelas e varandas. A imagem foi se aproximando por uma dessas janelas e pude ver uma mulher sentada em uma cadeira no centro de uma sala. Winna agora parecia mais cansada e velha. Cabelos soltos, o vento batendo em seu rosto, sentia que meu ouvido esquerdo doía muito, embora ainda me restava alguma audição. O professor tentava falar comigo, mas não conseguia ouvi-lo bem. Usando de estratégias que me fizeram crer que ele instalava em meu ouvido um aparelho auditivo, consegui ouvi-lo melhor.

Meu país havia sido tomado, tudo parecia estar arrasado. Eu não conhecia ninguém no lugar onde eu estava agora. Eu não sabia se meu marido ainda permanecia vivo. Minha casa era um local para desabrigados de guerra. Muitas pessoas estavam naquela mesma situação. Eu estava sozinha, o ferimento no ouvido havia sido causado pela explosão de uma bomba.

O professor me levou então para os últimos dias de vida de Winna. Ainda estava naquela casa, não sei dizer quanto tempo havia se passado, nem se a guerra havia acabado. O medo havia se tornado companheiro constante e fiel. Eu ouvia explosões constantemente. Talvez elas só existissem em minha cabeça, eu não saberia dizer, mas não eram menos perturbadoras por causa disso. Nunca mais consegui encontrar a paz por completo.

O professor encerrou a regressão como de costume e me trouxe de volta. Deixei Winna. Voltei muito surpresa com todas as descobertas e sensações daquela vida. Creio que sua morte se deu por conta de problemas cardíacos.

De fato, a guerra havia trazido muita dor, aflição e sofrimento para todos. De minha parte, eu havia suportado heroicamente o meu bocado e deixava aquela vida com o corpo massacrado, mas com o espírito em paz.

XV
Celina Solano

Quando outubro de 2018 já quase chegava ao seu fim, marcamos mais uma sessão com Ana Carolina. Havíamos combinado para uma quarta-feira, por volta de vinte horas. Eu estava bastante ansioso, um pouco mais do que o normal, embora eu já estivesse acostumado às surpresas que as regressões de Ana Carolina nos reservavam e, nessa noite, não seria diferente.

Um pouco depois da hora combinada, por causa de um leve contratempo na sua saída de casa, Carlos e Ana bateram à minha porta. A sala já estava preparada para recebê-los. Luz suave e tênue, uma cadeira reclinada mais confortável à espera dos nossos visitantes. Recebi-os com alegria, fazendo-os entrar e sentar. Pedi a Ana que se acomodasse confortavelmente. Em seguida, pedi a ela que se recostasse na cadeira e fechasse os olhos, voltando ao seu lugar seguro e calmo. Depois de breve pausa, suspirou profundamente. Sua cabeça, mais uma vez, projetou-se à frente, num sinal de profundo relaxamento. Depois, pedi que se visse naquele corredor com muitas portas distintas e que escolhesse uma delas, ou que deixasse que uma delas a escolhesse. Em seguida, pedi-lhe que se colocasse diante dela e, ao meu sinal, que a abrisse.

– Isso, agora que você se encontra nesse corredor de muitas portas, você vai escolher uma delas, ou vai permitir que a porta a escolha. Isso. Ao contar de três a um, você entrará numa dessas portas. Aos poucos, Ana, você verá tudo com mais clareza. Procure relaxar.

Assim, ao perceber seu estado, indaguei-a:

– Muito bem, onde você está agora?

– Num campo. Numa parreira.

– Ah, numa barreira!

– Não, uma parreira - repetiu, rindo.

– Ah, sim, parreiras. Uva. Vinho. Eu conheço uma pessoa que gosta muito de vinho - disse eu, referindo-me à própria Ana Carolina.

– Você trabalha nesse campo?

– É da família - respondeu.

– Ah, a família é proprietária. Seu marido?

– Sim.

- É uma vinícola?

- Como você fala vinícola, como vocês chamam?

- Santa Victoria - respondeu, entendendo que eu lhe perguntava o nome da propriedade.

- Ouça, em que cidade, município ou região se encontra Santa Victoria.

- Málaga - respondeu.

- Málaga, isso? Que País?

- Espanha.

- Você é casada?

- Sim.

- Tem filhos?

- Ainda não tivemos essa graça.

- O marido é jovem?

- Sim, temos quase a mesma idade.

- É grande a propriedade?

- Bem grande.

- Vocês engarrafam esses vinhos?

- Barris.

Não estranhe, cara leitora, que Ana Carolina, em transe, só responda estritamente o que lhe é perguntado, pois se trata de uma característica comum a muitas pessoas quando estão em regressão. Além disso, as respostas podem demorar um pouco a vir.

– Sim, barris. Muito bem. Santa Victoria. Existe há muito tempo essa propriedade?

– É passada de pai pra filho. Meu marido herdou do pai. É da família de meu marido, deixado pelo pai.

– Deve ser um lugar muito bonito.

– Sim, muito bonito. Muitas uvas. Estamos na colheita.

– Ah, neste momento na colheita? Você auxilia na colheita ou só observa?

– Eu ajudo. Precisa de ajuda.

– Você pode descrever como é feita essa colheita?

– Temos ajudantes. Esperamos a data. Quando as uvas estão maiores e bem rosadas. E colhemos na cesta. E elas são levadas para dentro, onde são amassadas – respondeu Ana, pausadamente.

– Como elas são amassadas?

– Temos as pessoas que amassam.

– Como se chama o lugar onde são amassadas.

– Tonel. É assim que meu marido chama. É normal. Todos fazemos assim – disse Ana, se referindo a outros produtores, certamente.

– É uma região de produção de uvas?

– Tem uvas, hortaliças, trigo.

- Vocês vão sempre à cidade?

- É mais difícil, só quando temos encomendas.

- Como é feito o transporte das uvas, dos alimentos? Como vocês transportam os barris?

- As pessoas vêm, a maioria vem buscar quando é grande a quantidade. Quando a quantidade é pequena, nós mesmos entregamos.

- E como transportam?

- Em carroças.

- Eu já lhe perguntei, mas... você vai a cidade?

- Nós só vamos na próxima encomenda. Temos muita encomenda para a coroação.

- Sim, muito bem. Sua casa é grande?

- Não, simples.

- Tem calendário na sua casa?

- Você quer saber o ano?

- Isso! - Respondi, não escondendo a surpresa ao ouvi-la adivinhando minhas intenções.

- É o ano da coroação.

- Da coroação? De quem?

- Tá próximo da coroação... a rainha... a rainha Victoria - respondeu Ana.

– Ah, a rainha Vitória! – Exclamei, tentando demonstrar que eu sabia de quem se tratava, o que não era verdade.

– Por isso, ela encomendou da gente, pelo nome.

Confesso que, imediatamente, pensei nas pesquisas que eu iria fazer logo após a sessão, para buscar esses fatos históricos e confrontá-los com seus relatos. Acho que esta seria a primeira vez em que seria possível fazer isso, se é que tal coroação realmente havia acontecido. Mas eu estava torcendo para ser verdade.

– E que ano que é? Mil...

– Mil novecentos ... e seis – respondeu, depois de breve pausa.

– Ah, sim, mil novecentos e seis – repeti.

Eu me perguntava nesse momento se seria possível uma coroação nessa época. Então, mais uma vez, virei-me para Carlos, na tentativa de que ele talvez pudesse ter algum conhecimento disso, porém eu via nele o mesmo ar de dúvida que eu mesmo carregava naquele instante.

–Não deve ser... rainha Vitória e mil novecentos e seis? – Disse Carlos.

– Você já viu ou andou em algum trem na sua vida? – Perguntei, na tentativa de descobrir se se tratava de alguma época mais recente, compatível com essa data.

– Não!

A resposta de Ana parecia confirmar minhas suspeitas, o que me fez virar para Carlos e dizer que, talvez, a data não estivesse correta. Assim, mudei o rumo da conversa mais uma vez, não dando muito crédito às suas afirmações, confesso.

— E o seu nome?

— Celina — respondeu, calma.

— Celina? Bonito nome! Celina de quê? Qual seu sobrenome?

— Não... não consigo me lembrar.

— Vou tocar em sua testa e você vai se ver escrevendo seu sobrenome.

— Celina Victória... é difícil me lembrar do nome todo — respondeu, lembrando-se apenas de seu primeiro e segundo nome.

— É difícil lembrar? Não tem problema — disse-lhe.

— E seu marido, como se chama?

— Miguel.

— Miguel de quê? Ouça o nome dele sendo falado e apenas repita o que você ouve.

— So... Solano, acho.

— Qual é sua idade, Celina?

— Tenho quase trinta. Ainda não tenho filhos.

— Sim, sim — concordei — seus pais moram com vocês?

— Não — respondeu ela.

— Você tem irmãos?

- Tenho um irmão.

- Como você o chama?

- De irmão! - Respondeu, arrancando-me uma risada, porque, evidentemente, eu procurava saber seu nome.

- Só irmão? - Insisti na pergunta.

- Sim. Está difícil de lembrar.

- "Vosotros habláis con tu hermano"?

Nesse momento, arrisquei dirigir-lhe a pergunta usando os poucos conhecimentos que tenho da língua espanhola falada.

- "Sí" - respondeu também em espanhol.

- "Vosotros compreendéis..."? - Perguntei, pedindo a confirmação se havia compreendido minha pergunta.

- "Sí" - respondeu mais uma vez.

- "E... Vosotros tenéis gusto de canciones"? - "Hay canciones"? - Eu lhe perguntava se ela gostava de música, se havia cancões.

- "Sí". -

- "Y de qué música le gusta"? - Perguntei, para saber seu gosto musical.

- "Las romanticas" - respondeu Ana.

- Muito bem, quando eu tocar aqui no braço esquerdo, vou falar com Ana Carolina.

– Olá, Ana Carolina – disse, ao perceber que ela despertava, sorrindo – Como está? Tudo bem?

– Oi gente, tudo bem.

– Que se passa, Carol? – Perguntei, bastante ansioso por suas explicações.

– Nossa, é um lugar muito bonito, muito grande, tem muita uva. Um cheiro doce. Muito bom e a casa é muito grande. Bem "grandona". É grande, sim.

Ana corrigia assim a afirmação de Celina de que a casa em que residia não era muito grande.

– Ela havia falado que a casa era simples, então é bem grande?

– É bem grande. Tem uns tonéis bem grandões, não sei como se chama isso. E um cheiro forte.

– Ah, sim, a uva quando é amassada fica... – disse eu tentando interagir, explicando o cheiro forte.

– Mas é um lugar bem aberto e só dá para ver muita uva – comentou ela.

– Parece começo de século, mesmo?

– Acredito que sim.

– Ou mais antigo?

– Não sei dizer, acho que sim, tá bem aberto, ela está no meio da plantação e a casa está no fundo.

Nesse instante, interrompi Ana, para saber, no momento em que conversava comigo, se ela conseguia ver o que acontecia na vida de Celina. Eu queria saber se ela via as parreiras, os tonéis, naquele exato instante:

– Neste momento você está vendo?

– Eu vejo.

– Você a vê também? – Perguntei, referindo-me a Celina.

– Sim. Não é... Sou eu... nela.

Na verdade, Ana Carolina explicava-me que ela estava "dentro" de Celina e não a vendo do exterior.

– Você conseguiria levá-la para algum lugar?

– Não.

– Por exemplo, levá-la para o quarto?

– Não, é só... eles não se mexem, só as coisas em volta, pouca coisa.

Nesse instante Carlos interrompe nosso diálogo, para formular uma pergunta:

– Você está vendo as roupas?

– Um vestido simples.

– Colorido? – Interrompeu Carlos, seu noivo.

– Avental. Tem manga. Uma proteção na cabeça. Acho que ela vai ajudar colher.

– Sim. Ela disse isso. Está na colheita – disse eu.

– Tem mais mulheres aqui também, mas o cheiro é bom – disse ela, tentando respirar aquele perfume de uva.

- O cheiro é bom, né, pra quem gosta de vinho - disse-lhe eu.

- Ai, ai, ai - suspirou Ana.

- Por que será que gosta de vinho? - Disse eu, dirigindo-me a Carlos, pois sabia que Ana Carolina era amante de vinhos.

- Gente, muita água na boca - disse ela.

- Vou te dar um pouco de vinho. Você aceita? - Perguntei, oferecendo-lhe um copo d'água.

- Sim - respondeu, sem pestanejar.

- Está na sua mão direita. Tome, está aqui na altura de seu rosto. Sinta o gosto de vinho. O cheiro.

- Gente, isso é muito legal - disse, ao bebericar o copo de água que lhe ofereci, mas sentindo o gosto de vinho.

- O vinho é bom?

- Sim. Este vinho é bom. Tem o cheiro da uva - disse ela, tomando mais um gole d'água.

- Que gostoso, hein. Está sentindo o gosto?

- É bem real .

- Que outras visões você tem nesse momento? Mas antes, uma outra pergunta: essas imagens, elas não fogem enquanto você está aqui conversando comigo?

- Não, estou parada aqui no meio das uvas... é lindo, mas um pouco frio!

- Ah, sim, para uvas é preferível região mais fria, pelo que sei - comentei.

– Minha mão está gelada! – Disse Ana, estendendo a mão ao namorado, a fim de que ele a tocasse.

– Tem mais pessoas longe, estão colhendo as uvas? Há crianças também?

– Não, acho que daqui não. Mas acho que há crianças, sim, com as mães.

– As mulheres cantam durante colheita?

– Eu tive a impressão de ouvi-las cantando mais no fundo, mas não dá pra ouvir. Elas cantam juntas. E uma canta mais e as outras repetem. É bonito.

–Você consegue repetir? – perguntei-lhe, pedindo que repetisse a canção que ouvia – vou estalar os dedos e vou falar com Celina. Isso. Profundamente.

– Celina. Celina?

– Qual é a música que as mulheres estão cantando? Tem alguém puxando o canto?

– Sim, uma mulher mais velha.

– Sim e mais gordinha também, imagino – perguntei-lhe, fazendo graça.

– Ela ajuda a gente.

– Qual o nome dela?

– Ena... Eugenia... – respondeu depois de breve pausa.

– Ah, Eugenia. Ouça, Celina, a música que ela está cantando.

Nesse instante, Carolina disse que não conseguia distinguir as palavras, mas começou a cantarolar a melodia, a qual nunca havíamos ouvido antes. Pareceu-me bastante original. Ao terminar, agora como Celina, esboçou um leve sorriso.

- É uma bela canção - disse eu, assim que terminou de cantarolar.

- Sim - respondeu.

- Como se diz uma bela canção em sua língua?

- "Una bella canción" - respondeu, em perfeito espanhol.

- "Una bella canción ... e las palabras, tú te recuerdas"? - indaguei, para saber se, além da melodia, se se recordava da letra da canção.

- É um canto religioso - disse-me, depois de breve pausa.

- As mais velhas sabem essa música - explicou.

- E vocês repetem.

- Sim, anima - disse ela - Elas trabalham assim, trabalham melhor.

- Não sentem muito cansaço, dor - completei.

- Elas são felizes. A colheita é muito feliz. Temos muito trabalho ainda... até... a coroação - disse ela, mais uma vez referindo-se à coroação.

- Sim - comentei, para interagir.

- Temos... esperamos essa encomenda... é importante para nossa casa. Meu marido ... vai... vender... pra rainha. É importante, por isso todas estão felizes.

- Vocês foram convidados para a coroação?

– Sim – respondeu orgulhosa.

– Já tem roupa?

– Não sei. Acho que sim, eu vou ver, falta um pouco de tempo ainda – disse, sorrindo.

– Sabe que mês vai ser a coroação?

– Maio, dia 31– respondeu sem pestanejar.

– Você é vaidosa?

– Um pouco, como as mulheres daqui, não temos muito luxo.

– Como você é, seus cabelos?

– Sou um tanto baixinha para minha idade. As mulheres daqui são assim, não somos muito altas. Cabelos escuros e pele clara!

– Como é seu rosto?

– Um tanto redondo.

– Redondinho? – Brinquei.

– Sim, as mulheres daqui são assim. Somos bonitas assim.

Quando Celina falava, parecia que sua voz tinha algo um pouco diferente da de Ana Carolina, um pouco mais suave talvez e com um leve sotaque.

– São bonitas assim – disse eu em tom conciliador – seu marido gosta?

– Sim.

– Pretende ter filhos?

- Sim.

- Está casada há bastante tempo?

- Já faz alguns anos - respondeu.

- E não conseguiram ou não quiseram ter filhos?

- A gente tentou, mas ainda não deu. Uma hora seremos agraciados com filhos.

- Você gosta de conversar, não é? - comentei, notando a desenvoltura com que Ana conversava comigo agora, bem diferente de outras regressões em que respondia apenas o que eu lhe perguntava.

- Sim. Tem muitas mulheres, a gente conversa bastante - respondeu ela.

- Todas casadas?

- Sim, a maioria. Algumas filhas ... vêm com as mães... mas a maioria é casada e com família.

- Volta e meia o assunto são os maridos?

- Sim, um pouco.

- É o assunto principal, né? - Disse eu, para provocá-la, evidentemente.

- É importante falar da família, aprendemos juntas.

- Isso mesmo. Que estão fazendo agora, continuando a colheita?

- Temos bastante... temos muito o que colher.

- Grande a plantação?

- É grande. Nos orgulhamos muito disso. É uma das maiores aqui.

- Como se diz uva em espanhol?

- Uva... não é uva?

- E vinho, como se fala?

- "Vino" - respondeu em espanhol.

- Ótimo. Muito bem, quando eu contar até três e estalar os dedos, você vai relaxar profundamente, e nós vamos viajar no tempo, ir até a coroação. Quando eu tocar seu ombro, chegaremos a essa data.

Ao lado de Ana, Carlos, sempre acompanhava atento a todas as regressões. Várias vezes era ele quem sugeria essa ou aquela pergunta. Nessa ocasião, foi ele quem sugeriu levá-la à coroação, a fim de descobrirmos do que se tratava. Assim, após tocar-lhe os ombros, vi que seu semblante se alterava. Estava claro que Ana ia mais profundamente em suas memórias.

- Celina?

Como eu já mencionei em capítulo anterior, por vezes, era preciso certificar-me que falava com a pessoa certa. No caso, Celina e não a própria Ana.

- Sim - respondeu-me de pronto.

- Onde você está?

- Estamos... estamos um pouco nervosos - sussurrou.

- Nervosos?

- Sim - respondeu-me apenas com um aceno de cabeça.

– E por quê, Celina?

– A gente trouxe o vinho. Já tá tudo certo – repetia ela.

– Ai... a Rainha vai tomar o nosso vinho, ...ai... mas tá tudo certo... já está tudo aqui, tudo pronto, nós estamos prontos – repetia aflita.

– Está vestida? – Perguntei, de modo a descobrir detalhes sobre sua vestimenta.

– Sim – respondeu, alisando a roupa – Tô bonita.

– Tá bonita, "hermosa"? – Pertuntei, elogiando-a em espanhol.

– Sim – respondeu, imediatamente à minha pergunta – "muy bonita".

Depois de terminada a regressão, indaguei Ana Carolina e Carlos acerca de seu conhecimento de espanhol e Ana confirmou ter conhecimentos bastante rudimentares de espanhol.

– "Bonita e hermosa" – disse-lhe, arrancando-lhe um leve sorriso.

– E o marido?

– Está aqui comigo.

– Está aí com você?

– Ele é que trata de todo o assunto.

Mal tive tempo de responder e Ana emendou:

– E eu acalmo ele – disse ela, visivelmente nervosa.

– Ah, e você o acalma! – retruquei, em tom de brincadeira, porque era visível seu nervosismo.

– Sim.

– Eu estou vendo que você é uma pessoa muito calma mesmo! – disse eu, percebendo sua agitação.

– Agora eu tô nervosa!! – explicou – mas eu sou mais calma do que ele! – respondeu, sorrindo.

– Seu marido, como é? Aliás, os espanhóis têm fama de nervosos!

– "Sí".

– Eu já estive na Espanha, sei como é – respondi, procurando interagir ainda mais com ela.

– "Conoce aqui"? – Ana me perguntava se eu conhecia a Espanha, porém eu não a ouvi, razão pela qual continuei nosso diálogo:

– Como ele é, fisicamente falando? – Perguntei, para saber mais sobre seu marido.

– Ele é mais alto do que eu... é um tanto forte... gordinho, forte... é... muito forte, para carregar as uvas... não sei mais o que dizer... é parecido comigo, como eu, pele clara, cabelos escuros.

– Qual a cor dos olhos?

– Ele tem olhos verdes!

– E os seus?

– Os meus nãos... são castanhos – disse ela, conformada – mas ele tem os olhos muito bonitos!

– Imagino! Vocês namoraram por muito tempo?

– Namoramos, mas logo nos casamos. Nossas famílias eram amigas, mi madre, su madre eram amigas.

– "Las madres eram amigas"?

– "Sí y los padres también"! – Coisa normal aqui... a gente... desde crianças, né, as famílias eram amigas, a gente acabou ficando juntos mesmo.

– Sim, nada mais natural. Hoje é o dia da coroação?

– Sim, já está quase na hora e a rainha...

– Bonita a rainha? – Interrompi.

– Ai, muito bonita! Muito bonita. Num vestido muito bonito. A gente está um pouco longe.

– E qual o nome dela mesmo?

– Victoria e Afonso – respondeu ela.

– Dom Afonso?

– Dom Afonso e Victoria... ela tem muitos nomes... as mulheres ricas têm muitos nomes, né? Acabam de anunciar o nome dela aqui.

– Sim, ouviu o nome dela por completo – perguntei.

– Eu acho que o nome dela é como o daquela senhora que trabalha conosco na colheita das uvas, Eugénia, ...Victoria Eugénia... acho que tem um Eugenia... não deu pra entender... eles falam muito baixo...

– Eles falam baixo?

– Sim, muita gente.

– Ah, tá. Você está longe da rainha!

– Sim, mas perto dos vinhos – sussurrou, brincando.

– Perto do que?

– Dos nossos vinhos! – respondeu ela, elevando o tom de voz.

– Muitos tonéis?

– Sim. Vão ser servidos no banquete.

– Banquete...– mal tive tempo de dizer.

– Dela, da rainha! – Completou.

– Vai beber muito hoje?

– Não posso... só um pouquinho.

– Meu marido também gosta de vinho. Quem não gosta, não é? Um bom vinho...

– Quem não gosta? – Concordei.

– Y se las ... – iniciou a frase em espanhol, mas terminando-a em português

– Se alguns souberem de onde vem o vinho...a nossa família fica famosa.

– Ah, sim – respondi.

– Mais vendas! – Exclamou, feliz.

– Sim, sim – concordei.

– Importante – disse, suspirando profundamente.

– Estou vendo que seu marido encontrou uma ótima parceira, hein?

 – Trabalhamos juntos, né – afirmou orgulhosa.

– Sim. Ele cuida de tudo.

– E você cuida dele.

– É. Cuido dele!

Estávamos em interessante diálogo. Nesse momento, como em raras vezes nas regressões de Ana Carolina, sua fala era corrente, sem as pausas comuns do transe. Assim, decidi dar um ar mais jovial e íntimo à nossa conversa:

– Já teve vontade de dar uns tapas no marido? – Perguntei, pra provocar-lhe.

– Ai... – suspirou – que marido que não dá?

– Ai...Mas ele é um bom homem. Às vezes fica bravo porque é muito trabalho, né. Tem muita mulher. Mas eu tomo conta delas e ele toma conta do trabalho, do dinheiro, dos negócios.

– Ah, sim.

– Tem muita gente! – completou admirada.

– Na festa?

– Sim.

– Na recepção?

– É. Muita gente bonita!

– Quase ninguém chega perto da rainha – afirmou, deixando claro o quanto estar presente à coroação era um honra para ela e para o esposo.

– Em que cidade foi a coroação. Para qual cidade vocês foram?

– Pra principal... pra Madri.

– Sim, claro... Madri.

– Acho que sim. Vou tocar em sua testa e você vai visualizar melhor. Consegue ver melhor agora?

– Sim, Madri.

– E o nome do Palácio?

– Não consigo me lembrar. Só vejo a Rainha e o Afonso.

– Que dia é hoje? – Perguntei.

– Dia 31 de maio de 1906.

– Bem, mais uma vez vou tocar em seu braço esquerdo, vou falar com Ana Carolina. Olá, Carol. Onde você está agora?

– Oi... gente... vocês tinham de ver isso.

– Esplendoroso?

– Nossa! É muita gente e ela está lá no alto.

– A rainha?

– A rainha! Meu Deus é a rainha!

– É uma rainha mesmo? – Perguntei, também surpreso.

– É uma rainha mesmo. Ela tem um vestido lindo e uma coisa... um véu na cabeça... um véu na cabeça...

– De que cor que é o vestido? – Perguntei.

– É clarinho, não chega a ser branco, mas é bem claro.

- Ah... as pessoas conversam muito... é muita gente falando... gente! Eu não tinha a experiência de ver tanta gente falando ao mesmo tempo!

- Em espanhol?

- Em espanhol, mas... as palavras... não consigo entender... não está perfeito.

Nesse momento, Ana Carolina vira-se para o lado, como se tivesse percebido algo.

O cheiro de vinho! A gente está perto dos vinhos mesmo - disse sorrindo.

- Tome mais um pouquinho, aqui - disse-lhe, entregando um copo d'água que estava próximo.

- Nossa! A impressão é de que vou tocar em alguém - disse ela, interrompendo a conversa sobre vinhos.

Naquele instante, ela estava em meio a uma festa movimentadíssima. Pessoas, certamente, transitavam de um lado a outro e tomar uns esbarrões devia ser bastante natural.

- Ah, é? De tanta gente? Muito perto?

- Muito perto... - disse, enquanto bebericava o copo d'água.

- O que você tomou agora?

- Vinho! Deixe eu achar que é vinho, não me conte.

Ana sabia que era capaz de ter alucinações como a que ocorria agora, para sentir gosto de vinho mesmo que só estivesse tomando água, um efeito da sugestão hipnótica. Claro, tudo está em nossa mente, na maneira como interpretamos o que nos cerca. Algumas pessoas, assim como Ana, têm facilidade para experimentar alucinações positivas, sejam olfativas, gustativas ou visuais.

– Então está bem. Vinho. Realmente né, Carol. Sentimentos, emoções, gostos, sensações onde estão mesmo?

– Na mente?

– Na mente! – confirmei.

– O vinho está onde?

– Eu sei, está em minha mente! – Disse sorrindo – mas para mim é real!

Ana aprecia vinhos e não estava disposta a deixar passar a oportunidade de tomar uma boa taça.

– Eu sei, é real – disse eu.

– É real, pra mim é real!

– Consegue descrever mais alguma coisa? Você está na cena ainda?

– Sim. Eu só tenho uma imagem. Os vinhos do meu lado, os grandes barris de vinho, alguns   colocado em... parecem jarrinhas, parecem jarrinhas quadradas de vinho.

–É um banquete?

– Sim, eu estou do lado de dentro, tem mais gente lá fora e de onde estou, consigo vê-la – falou depois de um breve suspiro – é só a imagem dela, um monte de gente.

– É uma imagem estática?

– Ela se mexe, ela fala, as pessoas conversam e aplaudem-na e... eles acenam. Ela fala alguma coisa, mas não compreendo. Está um pouco frio aqui. E só. Ela tem um cabelo curtinho todo enroladinho. Tem um véu entorno da cabeça, mas deixando o rosto à mostra. Há um homem ao lado da rainha.

– O rei Afonso, certamente – disse eu.

– Sim, rei Afonso, com uma roupa diferente.

– Por que ela está sendo coroada?

– Eu não sei... eu não sei! – Disse, sorrindo – ela está sendo coroada por... Eu não sei.

Ao final deste capítulo, decidimos fazer uma pesquisa que esclarecesse as circunstâncias em que se deu a coração da rainha Victoria Eugenia, vale a pena conferir.

– Quem realiza a cerimônia?

– Eu só vejo os dois. Há pessoas atrás dela.

– Sacerdotes?

– Eu não sei... talvez... parecem roupas católicas.

– É só o que vejo. E as pessoas em volta de mim. Eles são bonitos. São gente bonita. Não vi ninguém feio. Até as mocinhas que trabalham ali são muito bonitas.

– Fica perto marido! – Disse Carlos, o noivo de Carol, dirigindo-se a ela.

– Está aqui. Ele está ao lado dela. Ele é muito bonzinho. Está abraçado com ela – disse ela.

– Perto da mulher são todos bonzinhos – disse eu, em tom de provocação.

– Amor! – disse Carol, dirigindo-se ao namorado Carlos, para adverti-lo.

– Ah, eu entendo. Você tem conhecimento sobre a vida dela, da Celina?

– Alguma coisa eu sei, alguma coisa eu lembrei.

– Por exemplo... – perguntei.

– Tenho um pouco da imagem dos pais, ela tem mais de um irmão... ela tem dois irmãos, ela é a única mulher filha... eles cresceram muito próximos, em regiões próximas... eu lembro de ver duas casinhas.

– Você fala do marido dela?

– A família do marido e a família dela.

– Eles não moram perto agora, ela tem uma lembrança deles agora, como se os visse pouco.

– E os irmãos.

– Os irmãos são parecidos... parecidos com ela.

– Só isso... os sentimentos dela... sei um pouquinho dela agora... gostei da música... e gostei de ver muita uva... num lugar só... é muito bonito...só os dois e os ajudantes.

Mais uma vez, já era tarde e precisávamos retornar aos nossos lares e, portanto, depois desse breve bate-papo, decidimos encerrar nossa sessão, fazendo Ana voltar totalmente daquele transe.

Uma sensação de leveza tomava conta de nós. Sentíamo-nos reconfortados, felizes.

Assim nos despedimos, com os votos de paz e alegria sinceros, mas com a cabeça fervilhando de ideias, de coisas a pesquisar. Havia sido uma noite realmente proveitosa, cheia de novidades.

XVI

Celina, por Ana Carolina

Nossa próxima regressão começou de maneira um pouco diferente. Eu me sentava agora numa cadeira mais confortável, luz mais baixa e silêncio profundo dominavam o ambiente. Na sala, como sempre, apenas meu noivo, o professor e eu. Estava ansiosa e curiosa, porém o relaxamento e o transe ocorreram de forma rápida e intensa. Logo eu me encontrava novamente no meu corredor diante das portas.

Escolhi uma porta mais distante da última, comum, de madeira escura e com um tom avermelhado. Entrei e logo o escuro que sempre se apresenta foi dando lugar à claridade e, assim, pude ver uma grande área verde ao longe, como uma plantação, uma fazenda. A imagem se aproximou e pude distinguir uma plantação de uvas, um imenso parreiral divido em várias filas bem compridas. Ao lado, havia uma casa grande, dessas típicas de fazenda, de cor branca, tinha dois andares, várias janelas com uma borda delicada. Uma área espaçosa com cadeiras que davam de frente para aquela plantação.

Pude ver uma moça entre as videiras mais próximas a casa, usava um vestido simples de manga fina, um avental bege cobrindo apenas a região da cintura e um lenço colorido na cabeça. Levava uma cesta grande e larga. A imagem se aproximou ainda mais e passei a ver com os olhos daquela moça. Suas lembranças e sentimentos foram aos poucos tomando conta de mim.

Ela era animada, engraçada e estava naquele momento cheia de expectativas. Pude sentir suas roupas, o lenço nos cabelos e, na mão, o peso da cesta apoiada na cintura do lado esquerdo. Tinha a pele branca e cabelos castanhos claros. Era um pouco gordinha, mas de forma proporcional, com seios fartos, o que a deixava encantadora.

Foi então que me vi naquela fileira de videiras. Senti o cheiro das uvas, vi os cachos grandes e suculentos. Também me lembrei de estar em casa, da necessidade colher as uvas, da produção de vinho. O lugar era encantador, uvas a perder de vista, o contraste do verde, das uvas e do céu azul.

Morava com meu marido em uma vinícola, era uma propriedade antiga, passada de pai para filho. A fazenda se tornara mais rendosa e produtiva desde a geração do meu sogro. Trabalhávamos bastante para que tudo desse certo. O nome da nossa vinícola era Santa Victória, ficava nos arredores da cidade de Málaga na Espanha. Ainda não tínhamos filhos, mas erámos jovens e, embora já estivéssemos casados há algum tempo, haveria de chegar o momento em que seríamos abençoados.

A vinícola funcionava bem, entregávamos nossas encomendas diretamente na cidade, levando os barris em carroças ou, quando a encomenda era de grande monta, vinham até nossa propriedade para levá-la. Tínhamos muitos ajudantes, a colheita e o amassar das uvas eram feitas por mulheres, o carregamento, a plantação e a entrega, pelos homens. Nosso vinho era de ótima qualidade, tudo era feito com maestria e carinho e, não fazia muito tempo, recebemos uma grande encomenda, muitos barris de vinho para entregar, vinho que seria servido na cerimônia de coroação que estava por acontecer.

O professor ficou curioso, perguntou-me o ano, era 1906, o ano da coroação da rainha Victória. A sensação que eu tinha era de que essa era uma data conhecida de todos. Lembro-me de que nossa vinícola havia sido escolhida por ter o mesmo nome da futura rainha e sentia-me honrada em prestar esse serviço, além de vislumbrar uma grande oportunidade de promoção de nossa casa e dos nossos vinhos. Por isso, sentia-me tensa diante das obrigações contraídas para com o palácio real, porém estava feliz, sabia que nosso vinho era muito bom e eu não tinha dúvidas de que era de excelente qualidade e que atenderia as expectativas reais.

O professor perguntou meu nome. Chamava-me Celina Victória e meu marido, Miguel Solano. Meus pais moravam em uma região vizinha. Eu tinha um irmão mais novo e outo mais velho, embora me visitassem com pouco frequência. Infelizmente não consegui recordar seus nomes porque realmente algumas memórias podem se apresentar de maneira confusa.

Meu marido havia herdado nossa fazenda logo após a morte de seu pai. Perdera a mãe quando ainda era bem jovem e tinha ajudado o pai a cuidar da vinícola e tocar os negócios desde bem cedo. Crescemos praticamente juntos. Nossas famílias eram amigas e prestavam auxílio mútuo sempre que os trabalhos assim o exigiam. Lembro-me muito bem de que, quando crianças, brincávamos juntos por ocasião das visitas que a família de meu marido fazia para a minha e o amor de infância veio ao encontro do desejo e gosto da família pela nossa união.

Como sempre, o professor me perguntava detalhes da vida, só que, desta vez, algumas vezes em espanhol, embora eu não percebesse a diferença na hora, respondendo naturalmente, como de costume. Ao ser indagada de minha preferência musical as músicas românticas vieram-me imediatamente à mente.

Em determinado momento, fui tirada de dentro da vida da Celina e voltei para dentro de mim mesma, embora eu pudesse relatar, como de outras vezes, tudo o que via e sentia Celina.

Contei-lhe, então, tudo o que estava ao alcance das minhas habilidades psíquicas. A visão que eu tinha da propriedade era incrível. A visão daquelas parreiras, as uvas maravilhosas formando uma paisagem surpreendente.

Em resposta a uma pergunta que foi feita a Celina, respondeu que a casa era simples, comum para região. Eu, porém, de mim mesma, achei-a enorme e realmente linda e o perfume inebriante que pairava no ar, combinado com o friozinho do ambiente que me gelavam as mãos compunham o cenário mental que se apresentava aos meus sentidos bastante aguçados.

Em certo momento, o Professor pôs em minhas mãos um copo de vinho. Experimentei-o, era encorpado e de um perfume delicioso. Adoro vinhos, mas esse em particular tinha um sabor que nunca havia experimentado. Depois de acordada, descobriria que, na verdade, havia bebido água, mas, naquela hora, em minha mente, era o vinho mais saboroso do mundo. São as maravilhas da mente!

Contei também que havia muitas mulheres um pouco distantes de mim colhendo as uvas, umas mais velhas, outras mais jovens, trabalhando juntas. Celina ajudava. Enquanto colhiam, elas cantavam; uma delas cantava algo primeiro e todas continuavam em seguida, muito bonito e curioso de se ver e ouvir. Não pude repetir nenhuma palavra, tampouco conhecia a letra. Em seguida, respirei fundo, concentrei-me e novamente me vi dentro de Celina.

O professor me perguntou sobre as mulheres cantando, contei-lhe que quem puxava as canções era a mulher mais velha do grupo, fazíamos isso em todas as colheitas. Seu nome era Eugênia, uma senhorinha doce, gordinha e muito amistosa, todas gostavam dela e a respeitavam muito. Tentei cantarolar a música, mas só consegui seguindo o ritmo delas enquanto cantavam exatamente juntas. Era uma bela canção, um canto religioso antigo, conhecido pelas mais velhas. Era inspirador, servia para relaxar e trabalhar mais tranquilamente. A colheita para nós era um momento de felicidade, estávamos todas muito felizes!

Continuei a conversa com o professor, falei de mim, da minha família, da amizade entre as mulheres que ali trabalhavam. Todas se conheciam e sabiam umas das outras. É claro que, às vezes, falávamos dos maridos e ríamos muito juntas.

Todas gostavam de conversar, em especial Celina. A companhia e a amizade eram muito apreciadas, aprendíamos muito reunidas e, apesar de eu ser proprietária da vinícola, trabalhávamos juntas, com muito respeito mútuo, tratando-nos como iguais que realmente éramos.

O professor e meu noivo, bastante curiosos a essa altura com a tal coroação da rainha Victoria, decidiram que era hora de avançar no tempo na vida de Celina. Fomos até o dia da coroação. As imagens se passaram depressa e em segundos uma nova imagem se formou diante de mim.

Quando tudo se fez claro, depois de um breve apagão, pude ver que eu estava próxima de muitas pessoas, meu marido ao lado, ansiosos à espera da chegada da rainha. Tudo estava pronto, o vinho já entregue. Eu estava bem nervosa, afinal iríamos ver de perto a rainha e, o melhor de tudo, ela degustaria do nosso vinho. Era emocionante, repetia a mim mesma que tudo estava certo e que tudo iria correr bem, na tentativa de me acalmar.

Continuava a conversa com o professor, ele perguntava sobre minha roupa. Eu estava bem arrumada, usava um vestido vermelho e um arranjo delicado nos cabelos. Sentia-me bonita e, quando recebi seu elogio, agradeci com um sorriso. Meu marido também estava bem arrumado, ombros largos. Cabelos castanho que caiam levemente sobre a testa. Olhos verdes escuros, lindos. Sempre sorridente, como eu mesma. Era ele que resolvia todos os negócios relativos à venda dos vinhos, eu só o acompanhava e aconselhava quando era requisitada a fazê-lo. Nesse dia, tentava de todas as maneiras acalmá-lo, embora sem muito sucesso, porque eu mesma estava bastante nervosa também.

Foi então que no alto pude ver a rainha que chegava. Meu marido e eu aguardávamos a uma boa distante, mais próximos dos nossos vinhos, mas o suficiente para ver o casal real que se postava de forma a saudar todos os presentes. Adentraram o salão, acompanhados de outras três pessoas que se postaram mais atrás. Pela forma como estavam vestidas, acredito tratar-se de sacerdotes da igreja católica. Alguém conduzia a cerimônia, anunciando o casal real, em especial a nova rainha, apresentando-a pelo nome completo e pelo novo posto. Nesse momento, cheguei a brincar, dizendo que mulheres importantes costumam ter nomes bem grandes!

Contei ao professor tudo o que conseguia recordar. Os presentes à cerimônia falavam alto e aplaudiam, havia muito barulho. Um banquete estava para ser servido. Muitas pessoas bem vestidas, o lugar era encantador. Era um dia muito importante para todos. Contei que estávamos em Madri, a cidade onde se encontrava o palácio. Não consegui lembrar-me do nome do palácio naquele momento.

O professor tocou em meu braço e voltei a mim. Minha visão daquilo tudo era incrível. Era a mesma visão de Celina, mas para mim a sensação era diferente. Muitas pessoas festejando e falando ao mesmo tempo. As cores e as roupas das pessoas, o odor de vinho e a visão da rainha compunham o cenário de conto de fadas. A rainha estava no alto, vestia um longo vestido encantador, com mangas altas nos ombros, de cor bege clarinho com uns detalhes em brilho. Tinha o cabelo curto e enrolado. Usava um véu comprido que contornava o seu rosto. Uma coroa pequena e delicada. Acenava para as pessoas constantemente. As cenas que se desenrolavam diante de meus olhos mentais eram muito mais que imagens, sons e cheiros, era uma experiência real. Eu podia ouvir uma música suave ao fundo, sentir o sabor do vinho, via a beleza das pessoas, gente arrumada e educada, sorriam e conversavam. Em alguns instantes tive a impressão de que haviam se encostado em mim. Era a mente me levando a uma viagem de sentimentos, emoções e sensações quase inacreditáveis.

Celina era uma pessoa encantadora, com graça, inteligência e meiguice naturais. Era uma mulher decidida, trabalhadora e dedicada. Ela e o marido faziam tudo juntos, uma sociedade no amor e na vida. Sinto-me muito grata e feliz por ter vivido um pouco do que ela viveu e, como sempre, guardo o que de melhor há em cada uma dessas vidas. Celina me ensinou muito, levarei um pouco dela comigo sempre, ou talvez eu já tenha ela comigo de certa forma.

Por fim, devo dizer que passar pelo processo da regressão a vidas passadas e poder experimentar as sensações e sentimentos de "outras" pessoas é muito especial para mim. A maneira como me esqueço da minha realidade por alguns instantes e passo a conhecer um mundo totalmente novo, com as memórias e sentimentos próprios de cada uma dessas vidas, sensações que se tornam parte de quem eu realmente sou naquele momento, é o que mais me fascina. Causa-me real admiração essa capacidade da mente de acessar todas essas vidas e sou muito grata por tudo isso.

XVII

A história da Rainha Vitoria Eugenia

Permita-me o leitor e a leitora falar-lhes um pouco sobre a rainha Vitoria Eugénia de Battenberg, figura que aparece nesta regressão de Ana Carolina na vida de Celina Solano, para compreendermos melhor o período histórico em que Celina se encontrava e também para testemunhar a precisão com que Ana Carolina datou o episódio da coroação da rainha Vitoria Eugénia.

Afonso XIII, em 1905, era o rei da Espanha e estava em viagem à Inglaterra, a fim de conhecer a princesa Patrícia, que lhe fora prometida em casamento, como era o costume nas cortes europeias. Ali, descobriu que Patsy, nome com que carinhosamente era conhecida, já estava enamorada de um conde inglês.

Num jantar realizado em sua homenagem no palácio de Buckigham pelo Rei Eduardo VII, o rei Afonso cortejou uma jovem de delicada beleza: Vitória Eugenia. Porém, essa união de Afonso com a princesa Vitória não tinha, inicialmente, o apoio da rainha Mãe da Espanha, Rainha Maria Cristina, que se opunha ao enlace de seu filho com a princesa, em parte, devido suas origens e sua religião. Porém, depois de obter o consentimento da Rainha Mãe, em 31 de maio de 1906, na basílica de São Jerônimo em Madri, a princesa Vitória Eugenia se tornava rainha de Espanha, esposando o rei Afonso León Fernando María Jaime Isidro Pascual Antonio de Borbón y Habsburgo-Lorena, nascido em Madri em 17 de maio de 1886.

Porém, apesar do clima festivo em que se encontrava toda a Espanha, mais especialmente a capital Madri e todos os cidadãos "madrileños", uma tragédia marcou as bodas. Depois de assinarem os papeis do casamento e da coroação, os noivos montaram na carruagem real e se dirigiram ao Palácio Real, conhecido como Palazzo d'Oriente, onde ocorreria a recepção aos convidados.

A carruagem, puxada por lindos corcéis brancos, que levava o casal real, seguia pelas ruas e avenidas que conduziam ao Palácio. A comitiva era composta de um sem-número de guardas e milhares de pessoas assistiam ao majestoso desfile.

Na altura do número 88 da rua Mayor de Madrid, a comitiva sofreu um atentado à bomba. Arremessada pelo anarquista Mateo Morral Roca, camuflada num ramalhete de flores jogado em direção à carruagem, a bomba matou 28 pessoas.

Felizmente os jovens noivos reais saíram ilesos do atentado e, apesar do susto e do risco de novo atentado, decidiram que os festejos deveriam continuar. Chegando ao Palazzo d'Oriente, participaram de toda a cerimônia, sem transparecer os momentos terríveis que haviam acabado de vivenciar. 2

2 — Texto baseado em consulta realizada em 29/10/2019 em https://en.wikipedia.org/wiki/Victoria_Eugenie_of_Battenberg

XVIII

Anna Scott

Enfim chegávamos a mais uma sessão. Depois de mais uma aula, às 22h30 de uma quinta-feira, pedimos a Carlos, noivo de Carol, que se submetesse a um relaxamento e, com seu consentimento, pedi-lhe que fechasse os olhos para dar início a todo o processo que o levasse ao estado desejado.

Porém, à medida que lhe transmitia imagens relaxantes, percebi que Ana Carolina entrava em transe espontaneamente. Assim, terminada a breve sessão com Carlos, voltei-me para Ana, e pedi-lhe que visualizasse uma escada em três lances descendentes e que ela se encaminhasse ao primeiro lance, com dez degraus, e que iniciasse a descida. Completado a primeira sequência de degraus, solicitei que fosse para o segundo, procedendo da mesma maneira quanto ao terceiro lance. Terminada a última escada, disse a Ana Carolina que percebesse a presença de alguma luz e, foi então que ela disse visualizar uma luz branca e nela uma porta. Pedi que entrasse nessa porta. Seguiu-se u longo silencia, o qual só foi quebrado depois de com Ana afirmando que se encontrava num castelo. Como de outras vezes, falava bem baixinho, quase sussurrando:

- Estou na cozinha.

- E onde fica essa cozinha?

- Num castelo.

- E o que você está fazendo nesse lugar, você se lembra?

- A massa... tenho de fazer o pão - disse aflita, voltando sua atenção para suas mãos e para uma mesa imaginária à sua frente.

- Ah, você trabalha num castelo!

- Sim.

- Bonito esse castelo?

- Cinza, de pedra, comum.

- É muito grande?

- Sim.

- Qual seu nome?

- Donana.

- Donana, qual o nome desse castelo, tem nome?

- Pertence aos senhores.

- Sabe o nome deles?

Ana deu um longo suspiro e respondeu:

- Mackenzie.

- Em que país estamos?

– É... a região deles.

– Sei... Mackenzie... Scotland?

– Não sei... toda a terra é deles.

– Tem nome essa terra deles? Vou tocar em sua testa e isso vai ajuda-la a localizar nos dias de hoje onde fica essa terra.

– Escócia – respondeu, mais uma vez depois de longo suspiro.

Em seguida, interrompeu-me, dizendo:

– Preciso fazer... tem o serviço.

– Você tem muitas tarefas?

– Tem o pão, a ceia, tenho de ensinar as meninas.

– Tem muitos serviçais?

– Tenho três ajudantes.

– E você é uma espécie de encarregada, isso?

– Faço as refeições.

– Você é casada?

– Já fui.

– Qual sua idade hoje?

– Quarenta... talvez quarenta... quase – respondeu, algo indecisa.

– Tem filhos?

– Não.

– Em que ano você está agora? Há contagem de ano, não?

– Sim.

– Em que ano você nasceu?

– 1482

– Qual seu nome completo?

– Anna Scott.

– Desculpe lhe fazer tantas perguntas. Você tem tarefas a cumprir.

– Tem muita coisa, tem os patos, o pão, tem a sopa.

– Esse é o cardápio? Serve tudo de uma vez?

– Não. As meninas preparam, enquanto eu faço o pão. O armazém, as carnes, as carnes salgadas estão no armazém. Preciso de água e elas trazem do poço. O pato demora muito.

Nesse momento, quis saber se ela tinha realmente conhecimento de culinária. Antes, porém, perguntei ao namorado de Ana Carolina se ela tinha algum conhecimento no preparo de pato, tendo ele afirmado que ela jamais havia provado ou preparado tal prato. Assim, perguntei:

– Qual o preparo do pato, você pode ensinar a gente?

– Pato salgado – afirmou Ana.

– Pato salgado, como que é feito?

– Tem de ser lavado – ela disse.

– Sem as penas, né? – Indaguei, pois naquele momento vieram à mente imagens de minha infância em que meus avós depenavam os frangos, depois de sacrificados, despejando água fervendo sobre as penas, para que se soltassem com facilidade.

– A carne já vem sem as penas. Elas fazem lá fora, chega a mim salgada. Lavamos, temperamos as partes. Temperamos por dentro e por fora.

– Com que você tempera?

– Com temperos aqui da horta. Temperamos com dois dias de antecedência.

– Vai azeite, óleo?

– Não. Pimenta. Ervas de cheiro. Cravo. Fica num caldeirão de cobre tampado, cozinhando por quatro horas.

– E como vocês contam as horas?

– As meninas contam... o sol na altura da janela.

– E se não tiver sol?

– Há sempre luz .

– Você é boa cozinheira?

– Ninguém reclamou.

– Comem, né?

– Muito.

– Há muito tempo você trabalha para os Mackenzie?

– A vida toda.

– E o marido, o que aconteceu com ele?

– Ah, fugiu. Fugiu das terras. Foi embora daqui.

Ana demonstrava muita decepção e mágoa na voz.

– Você tem filhos?

– Não tive. Um dos motivos de ele ter fugido...

– Como você é?

– Comum.

– Loira, ruiva, morena?

– Como todas daqui. Cabelos avermelhados. Sardas. Um pouco mais velha, mas estou bem.

– Bonita ainda?

– Ainda estou bem.

– Pretende se casar novamente?

– Talvez.

– Tem algum pretendente?

– Não aqui. Eu não saio daqui.

– Mas não há outros Clãs que visitam os Mackenzie?

– Sim, mas muita confusão agora. Estamos sendo saqueados constantemente.

– Mas não há proteção?

– Tem pouca. O senhor não liga.

– Quem saqueia, você sabe?

– Talvez mandem de propósito. Querem as terras dele.

– Tem tido problema com os ingleses?

– Não sei de muita coisa, mas acho que sim.

– Que você pensa dos ingleses?

– Não é boa gente, matam todos, principalmente nós.

– Matam quem, mulheres?

– Sim.

– Já viu isso acontecer?

– Muito.

– Que há com a mão? – Perguntei, notando que não parava de movimentá-las.

– O pão... a mesa – respondeu, continuando o movimento fictício de amassar o pão.

– Como elas a chamam?

– Nanna!

A esta altura, julguei que já era o momento de ouvir Carol. Por isso, mais uma vez, fiz todo o processo de dissociação, a fim de obter suas impressões acerca daquela vida.

– Olá, Carol.

– É difícil de enxergar aqui. É uma espécie de cozinha, mas não é parecida com as nossas. Tem uma mesa, um caldeirão à esquerda. Tem um "não sei o que é aquilo", umas caixas de comida, não sei o que é. Tem um pedaço da cozinha com carne dependurada. Pedaços de carne dependurada, a maior parte, acho, é carne de porto e pato.

– Escócia mesmo? Mackenzie?

– Mackenzie. Só vejo a cozinha, difícil de enxergar aqui. Tem uma porta que dá para fora e uma que dá pra dentro e uma lá no fundo, mais simples, que dá acesso aos aposentos dela, acho. Não tem pia. Tem um quadradinho cheio de água e um balde, onde lavam, sem nada. É frio e cinza e a roupa também é... a luz daqui é a luz do fogo. Tem um pão, uma massa que ela está fazendo, mas tem mais grude na mesa do que massa simples. É difícil de enxergar. As memórias vêm um pouco mais devagar, sabe? E elas são bonitas. Só são meio sujinhas. Ouço gente lá fora, ouço barulho de bicho, e vento, e frio. Tudo é de pedra, muito simples.

– O que se come basicamente é carne?

– Carne, pão e sopa. Tem uma sopa aí fervendo. Não tem um cheiro muito agradável. É que eu estou sentindo o cheiro da carne.

Conforme ia relatando suas visões, Ana Carolina tremia de frio. O clima bastante frio da Escócia resistia até mesmo ao calor emanado pela cozinha em que se encontrava, ao que parece.

– Enfim, se continuarmos nessa vida, vamos aprender a cozinhar à escocesa – comentei, sorrindo, vendo Carlos, noivo de Ana, dar uma boa gargalhada.

– Mas tem alguma coisa. Tem gente falando lá fora. As meninas estão preocupadas. Vai acontecer alguma coisa. Tem gente falando.

– Ouça as palavras, Carol, o que você está ouvindo.

– Não consigo, eles falam muito rápido. É complicado... ouço "freezing", eles estão falando ao longe, é muito difícil de eu entender. Eles estão preocupados com alguma coisa. Acho que não tem ninguém muito feliz aqui, não. Ela é quieta, mas gostam dela. Ela bota ordem na cozinha. Estou vendo o que eles usam. Tem uns copos de metal de... que cor é essa, gente! De cobre acho. A água é limpa, a do balde pelo menos. É uma coisa de madeira com ferro em volta. E há, meu Deus, isso não é uma cozinha! Tem carvão pra todo lado, fuligem, sujeira, acho que eu também estou suja. Só vejo isso. Que será que tem lá em cima? Tem uma escada na porta de cá. Está aberto. Tem uma grande escada, leva para cima.

– Você consegue ver o castelo do lado de fora?

– É um quadrado. Vou tentar me afastar dela. Consegui um pouco na hora de chegar. É um quadrado, vários quadradinhos assim – disse, fazendo gesto com as mãos, Tudo é cinza, grandes, mas nada gigantesco. Tem um muro em volta e outro muro. Não sei para que dois muros. E... tem uns tijolinhos assim em cima do muro. Tem mais gente lá fora do lado de fora do muro. Tem casinhas, fazendinhas, plantações, porquinhos e pato. E... tem um rio. Um riacho. Não consigo ver mais nada. E o pão. Tem ... são velas nuns negocinhos, mas não estão acesas. É tarde, estamos preparando a ceia. A força dela... a força de me puxar para o corpo dela aqui é maior, não consigo me afastar muito.

– Você é atraída para o mesmo lugar?

– Sim.

– Tem outra mesa, uma mesa no meio e uma mesinha. Tem uma mesa de frente, elas picam as coisas lá. Tem uma faca esquisita, comprida, não tem lugar para segurar, não tem cabo, só a lâmina. É bem esquisito, mas interessante. Quero ver o que tem lá em cima.

– Você consegue identificar alguém ali que você conheça?

– Elas estão abaixadas, assim – disse Carol, referindo-se às cabeças das ajudantes de Anna Scott, mostrando com gestos o que se passava.

– E o nome delas?

Como Ana Carolina não se lembrava, pedi-lhe que voltasse para a vida de Anna Scot, a fim de facilitar-lhe as lembranças.

- Anna, você consegue se lembrar dos nomes das cozinheiras?

- Das meninas?

- Isso.

- Tem a Marion, a Katy e a outro é a mais nova: é a Elga.

- Como se chamava ou chama seu marido?

- Brucen.

- E os senhores, como se chamam?

- Melhor não saber o nome. Se chamamos pelo nome somos castigados.

- Agora, Carol, quando eu tocar em seu pulso, vamos fazer uma contagem e vamos para o último ano de vida da Ana... isso... profundamente, quando eu soltar. Olá, Anna. Quantos anos você tem?

- Eles estão aqui. Estão na cozinha. E agora?

Ana mostrava-se bastante aflita e, como em outras situações, mergulhada totalmente naquela vida. Pedia que eu fizesse silêncio, que não fizesse qualquer ruído que pudesse chamar a atenção dos invasores.

- São bandidos, invadiram o lugar. Bateram nela. Bateram na cabeça dela. Oh, meu Deus, elas estão aqui comigo. Marion, Elga, no nosso quarto. Eu sabia que os senhores não fariam nada por nós. Provavelmente foram embora, covardes.

- Eles vão entrar... eles vão entrar no quarto! Meu Deus!

Ana deum um grito. Havia sido golpeada e morta, por certo, juntamente com suas companheiras. Em minha presença, Ana permanecia com as mãos protegendo seu rosto contra o golpe mortal desfechado, por certo. Assim, percebendo seu sofrimento, só me restava retirá-la desse momento e assim o fiz:

– Relaxe... durma, Carol. Ao despertar, verá que o que foi vivido fica no passado. Tocarei em seu braço e você, naturalmente, voltará para esta vida. Sua mente inconsciente permitirá recordar-se apenas daquilo que lhe for útil e construtivo. Trará consigo o exemplo de amizade e companheirismo; guardará consigo as lições de amor e de alegria de viver. Isso, assim mesmo! Faça a passagem. Isso! Muito bem. Sabe me dizer onde você está?

– Vejo uma luz verde.

– Siga essa luz – ordenei-lhe – Isso... profundamente... onde você está?

– Vejo luzes.

– Há mais alguém? Muita luz? É bom? – Eu perguntava insistentemente.

– Sim, as luzes dançam.

Essas foram suas últimas palavras. Daí a segundos, saiu do transe profundo. Parecia que forças desconhecidas a tiraram daquele estado e daquela experiência.

XIX

Anna Scott, por Ana Carolina

Desta vez, tudo começou de forma um pouco diferente. Estávamos o professor, meu namorado e eu, como de costume, na sala após a aula. O professor começou um processo de relaxamento com meu namorado para que ele experimentasse um pouco daquela sensação, talvez para que ele compreendesse melhor o que eu sentia durante o transe ou apenas por tentar, quem sabe descobriríamos capacidades semelhantes às minhas nele!

No sofá, sentada ao lado de meu noivo, eu observava todo o processo de relaxamento pelo qual ele passava e, conforme ouvia as palavras do professor, aos poucos, eu também ia relaxando e, sem perceber, sem saber dizer o exato instante em que ocorrera, eu entrava em transe. Mais tarde, meu noivo me contaria que havia se sentido bastante relaxado, como esperado, mas nada além disso.

Quando o professor percebeu que eu já estava em transe, voltou-se a mim, pedindo que eu me imaginasse descendo escadas, indo em direção a andares inferiores de um edifício.

No começo, eu estava no meu escuro e calmo, mas logo a seguir me vi descendo os degraus de uma escada que dava para um andar mais abaixo de onde eu me encontrava. Na verdade, nem sei dizer de onde eu partia, só sei que vi a escada e para ela me dirigi. Depois de descer aproximadamente uns dez degraus, vi um lugar maior e mais iluminado, como um estacionamento pequeno no subsolo, havia apenas uma porta a esquerda, quadrada e cinza e decidi adentrá-la. Abri a porta, dei alguns passos à frente e as imagens foram se formando lentamente, no que me pareceu traduzir-se em maior dificuldade minha em acessar aquelas lembranças e imagens. Uma luz branca e forte se mantinha à minha volta, cegando-me, de forma que eu era capaz de ver com nitidez apenas o que se encontrava no centro dessa imagem. Vislumbrei na cena que se apresentava muros altos em redor dum castelo erguido com pedras grandes e cinzas.

Em seguida, tive a sensação de ser puxada para dentro daquele castelo, arrastada por essa força por uma porta pequena que levava a um cômodo na lateral direita desse castelo. Em menos de um segundo, vi-me dentro daquele cômodo e pude reconhecer uma cozinha antiga. Havia duas grandes mesas de madeira, uma mais comprida ao centro, disposta ao longo da cozinha e uma outra menor e mais curta na posição contrária, disposta verticalmente em relação à primeira. A mesa mais curta ficava em frente ao que deveria ser o fogão, mas que para mim parecia apenas um caldeirão pendurado em cima de uma pequena fogueira. A pia era um compartimento quadrado feito de pedras com água limpa num balde disposto ao centro. Havia alguns utensílios de madeira e cobre dispostos nas proximidades da mesa menor onde também viam-se muitas ervas e ramos dependurados.

Quatro mulheres estavam nessa cozinha, três moças jovens trabalhavam próximas à mesa maior e a mais velha no comando junto à mesa menor. Trajavam vestidos compridos e pesados, cabelos presos em um coque; a mais jovem usava um lenço nos cabelos.

Aos poucos, imagem foi se aproximando da mulher mais velha e, como de outras vezes, passei a ser ela, a enxergar com seus olhos, a sentir o que sentia. Seus pensamentos eram os meus, suas lembranças eram as minhas e aos poucos me revelavam mais e mais sobre sua vida.

Emocionei-me ao ver o que ela via, mas principalmente ao sentir o que ela sentia. Eu era Anna Scott, mulher madura e bonita, de pele branca, magra, com cabelos ruivos presos. Eu sentia o coque nos cabelos e uma franja caindo lateralmente sobre a testa, encobrindo-me parcialmente o rosto. Eu sentia o peso do vestido, as mangas arregaçadas até a altura do cotovelo. Senti o calor do fogo nas costas e o cheiro de carne cozida.

Estava em frente àquela mesa menor, preparava uma massa de pão. Pude sentir a massa macia entre os dedos enquanto a manipulava. Estava atarefada, precisava terminar de preparar a refeição. As meninas me ajudavam, eram boas e obedientes.

Amizade verdadeira, sorrisos e conversas aqueciam aquela cozinha escura e fria.

Ouvia a voz do professor, contei-lhe um pouco de minha vida e minha rotina ali naquela cozinha. Perguntou-me o nome, um pouco de tudo e, embora as lembranças demorassem um pouco a vir e me exigissem mais concentração, pude recordar um pouco daquela vida. Interessante é que, nessa vida, foi-me mais difícil voltar a mim e relatar tudo o que eu via. Parecia que aquela vida me prendia mais fortemente àquelas lembranças.

Do que eu pude me lembrar e relatar, recordo-me de residir nos aposentos que se situavam nos fundos dessa cozinha. Eu via a grande porta de madeira que separava os cômodos. Havia outras duas portas: uma à direita, que levava para fora, e outra à esquerda, que levava para uma grande escadaria que levava para os andares superiores daquele castelo. Havia um pequeno cômodo sem portas junto à cozinha, onde eram guardadas as carnes já limpas e salgadas, juntamente com sacos de cereais e legumes. Existia também outra porta - a mesma porta por onde entrei, atraída nessas lembranças - e, do lado de fora, uma pequena horta.

O professor continuava nossa conversa, quis saber o que eu estava preparando. Esperava o pato ficar pronto, estava no caldeirão atrás de mim cozinhando. Expliquei como se preparava o pato salgado, embora tenha achado a pergunta um tanto estranha, pois homens não se interessavam muito por culinária. Precisava terminar o pão, enquanto as meninas faziam a sopa e findavam os preparativos para a ceia. Contei-lhe que marcávamos o tempo de cozimento pela altura do sol e a sombra da janela e que mesmo em dias nublados - o que acontecia o tempo todo – era possível em razão da luz que entrava na cozinha.

Eu contava com 40 anos aproximadamente e havia servido o castelo minha vida toda. Havia aprendido a cozinhar da mesma forma que as minhas meninas hoje. Havia sido casada, mas meu marido fugiu, fazia alguns anos e me abandonou naquelas terras. Não pude lhe dar filhos e ele não se sentiu obrigado a ficar. Falso e covarde em minha opinião! Tenho sentimento de raiva e desdém por ele, não desejo vê-lo nunca mais. Não deixei de acreditar no amor por isso, quem sabe o que a vida me reservaria?

O ano era 1482. O país, a Escócia. Eu morava em terras pertencentes aos meus senhores, os Mackenzie. Era uma família poderosa e rica, possuíam muitas terras, porém não eram respeitados pelo seu povo.

No castelo em que eu servia, não havia guardas suficientes para sua proteção. Era comum as terras serem invadidas e saqueadas. Nós serviçais vivíamos com medo, sem muitos recursos. Vivíamos em contato diário com a morte, pois frequentemente aconteciam assassinatos, principalmente de mulheres.

O professor, então, tocou em meu braço, e, como sempre, pediu-me para deixar aquela vida e, por alguns instantes, voltar a mim. Senti uma certa dificuldade de me afastar dessa vez, talvez fosse uma vida mais distante e de difícil acesso, algo que me prendia fortemente a ela.

Depois de algum esforço, consegui livrar-me do que me prendia a ela.

Eu respondia às perguntas do professor, tentava descrever aquela cozinha e o ambiente que me cercava: era suja e fria para os padrões atuais. Pude ver e sentir o odor dos restos de alimentos nas ranhuras e fendas das mesas de madeira. Não vi nenhum pano, avental ou qualquer coisa que me lembrasse limpeza da forma como estamos acostumados. Evidente que para a época aquilo deveria ser bastante comum. Malgrado a limpeza deficiente, o ambiente até que era bem organizado. Eu podia sentir cheiros de temperos, de carne crua, de carne cozinhando e da massa que estava bem à minha frente. Vi caixas de madeira empilhadas, carne de porco e pato penduradas na pequena despensa contigua à cozinha.

As moças picavam legumes e pude ver uma faca um tanto diferente, sem cabo, só a lâmina. Picavam com destreza e enchiam uma espécie de bacia larga de cobre com os alimentos já cortados.

Eram moças bonitas e com sardas nas bochechas e nas costas das mãos, todas com cabelos em tons avermelhados.

O ambiente da cozinha era escuro, podia perceber a luz do fogo próxima; paredes e chão de pedra. Sentia muito frio, cheguei a tremer e era difícil falar por causa do tremor. Ouvia o vento lá fora, sons de animas e, de repente, passei a ouvir algumas vozes que se agitavam do lado de fora, enquanto as meninas conversavam entre si preocupadas. Não pude entender o que estava acontecendo.

O professor pediu para tentar me afastar e descrever o que havia do lado de fora. Afastei-me um pouco e pude ver a horta ao lado da cozinha, um poço mais a baixo vi alguns animais, patos e porcos.

Um pouco mais distante existiam casinhas. Na verdade, pareciam fazendinhas, todas com hortas e animais. Havia dois muros, um que cercava o castelo e outro que isolava essas casinhas e viveiros. O castelo tinha uma forma quadrada, era grande na extensão, mas não tinha muita altura. Construído de pedras grandes em forma de paralelepípedos, era simples. Pude ver, por fim, um riacho comprido além dos muros.

Não consegui me distanciar por muito tempo, algo forte me puxava de volta para próximo de Anna. Estava novamente naquela cozinha, diante das moças cortando legumes. Não sabia o nome delas nem sua aparência exatamente, pois estavam de cabeça baixa trabalhando.

O professor pediu para que eu voltasse às lembranças de Anna. Rapidamente voltei àquela vida. O professor me perguntou o nome das meninas que me ajudavam mais uma vez, mas desta vez pude me lembrar: Marion, Katy e a mais nova Elga.

Perguntou-me também o nome de meu ex-marido: chamava-se Brucen. Em seguida, indagou-me dos nomes de meus senhores e expliquei que não era conveniente chamá-los pelo nome, para não sermos castigados.

O professor decidiu então que já era hora de conhecermos os últimos dias da vida de Anna. Tocou em meu braço, como das outras vezes e algumas imagens se começaram a desfilar rapidamente diante de meus olhos. De repente, vi tudo escuro. Bastaram alguns instante e percebi que a imagem começava a ficar mais nítida. Vi-me escondida no quarto, abaixada atrás de umas caixas de madeira, abraçada com Marion e Elga, tentava protegê-las. Pedi que fizessem silêncio. Estava muito assustada, meu coração batia forte, podia sentir cada batida contra o peito. Havia um medo inexplicável que tomava conta de mim. O castelo havia sido invadido, homens por todos os lados, rezávamos para não ser descobertas, pois sabíamos o que acontecia com mulheres nessas invasões. Os senhores tinham fugido, deixando-nos para trás. A imagem de Katy com ferimentos na cabeça, sangrando, caída no chão na cozinha não me saía da cabeça.

Nada podia fazer agora, não conseguia pensar direito, ouvia vozes e gritos por todos lados, apenas queria ver as meninas sã e salvas. De repente, ouviu-se um estrondo de porta vindo abaixo. A porta que dava para o cômodo onde estávamos escondidas foi vencida a um só golpe. Um homem grande e forte com o rosto encoberto, seguido de outros dois, adentrou o quarto, aproximou-se, segurando algo em uma das mãos, pronto a me golpear. Um frio intenso tomou conta de todo meu ser. Posicionei-me entre o agressor e minhas amigas, enlaçando-as com o braço direito, enquanto a outra mão era segurada fortemente por uma das meninas. De súbito, senti um golpe na cabeça.

Percebendo a situação, o professor retirou-me rapidamente da cena. Quando me dei conta , já estava de volta a mim mesma. Deixei aquelas lembranças para trás e, por incrível que pareça, sentia-me muito bem. Uma calma indescritível tomava conta de mim e vi muitas luzes verdes à minha volta, como nunca havia acontecido antes. A sensação era boa e as luzes lindas, pareciam dançar ao meu redor.

Quando acordei, não me lembrava dos momentos finais da vida de Anna. Somente com o passar dos dias é que algumas imagens foram se apresentando. Por vezes, perguntava ao meu namorado sobre essa ou aquela passagem e, ao final de uma semana, pude me lembrar de tudo de forma calma, sem medo.

XX

Emilly Lewis

Enfim havíamos chegado à última regressão. Nosso encontro tinha sido marcado para uma quarta-feira, bem no final de novembro e eu aguardava ansioso a chegada do casal Carlos e Ana Carolina. Durante o dia, Ana já tinha confirmado sua presença, mas o temporal que agora despencava dos céus poderia atrapalhar nossos planos para aquela noite

Quando o relógio da igreja bateu vinte horas, chovia fortemente. Raios iluminavam a noite molhada e os trovões faziam estremecer portas e janelas. Passados vinte minutos apenas, escutei um carro que estacionava à porta: eram Ana e Carlos.

Assim que adentraram a sala, estendi-lhes uma toalha, a qual eu já tinha preparado, em vista da chuva forte que caia. Depois de se recomporem, conversamos por alguns instantes antes de iniciarmos a regressão.

Ana me contava que tinha tido alguma dificuldade em se lembrar da última vida, em que passara momentos trágicos na pele da cozinheira Ana Scott. Lembrei-me da sugestão pós-hipnótica de amnésia que eu lhe havia deixado, de forma que as impressões mais fortes de sua morte naquela vida não a impressionassem, embora Ana já soubesse lidar com essas imagens e lembranças.

Depois desse breve intervalo de tempo, pedi a Ana que olhasse fixamente um crucifixo caprichosamente disposto na parede, um pouco acima da porta que dá passagem para o corredor apegado à sala em que nos encontrávamos. Pedi que olhasse a luz para além dessa porta, iluminando o corredor à frente. Depois, pedi que percebesse a sombra que se projetava do crucifixo. Na sequência, que prestasse atenção à chuva e a todos os sons que a tempestade produzia. Em seguida, que sentisse a pressão que suas costas exerciam no encosto da poltrona. Terminada essa sequência, Ana já estava em transe bastante profundo.

Pedi-lhe, então, que se dirigisse ao corredor de muitas portas e vidas, vendo cada uma delas com cor, textura e tamanhos diferentes. Solicitei-lhe que se colocasse diante de uma dessas portas e que entrasse, iniciando-se assim mais uma viagem às suas vidas passadas.

– Onde você está? – Perguntei, iniciando o diálogo.

– Chegamos...

– Onde?

– Na floresta! – Respondeu, enfática.

– Chegaram aonde? – Insisti na pergunta.

– "England" – Inglaterra, respondeu em inglês.

– E onde você mora, em que cidade?

– "London" – respondeu também em inglês

– "Is this forest in London or outside London"? – Essa floresta fica dentro ou fora de Londres?

– "London... No, in England" – Londres... não, na Inglaterra – respondeu em inglês.

– O que vocês estão fazendo?

– Trabalhamos... trabalhamos, observando animais – "animals" – completou Ana, em Inglês.

– "Any animals in particular, birds for instance"? – Algum animal em particular, pássaros, por exemplo – perguntei, utilizando-me da mesma língua que ela.

– "Yes, birds"! – sim, pássaros! – Respondeu.

– Vocês estão em grupo ?

– Sim, viemos num grupo, mas eu e meu marido trabalhamos, viajamos e observamos, anotamos, desenhamos.

– Belo trabalho – respondi.

– "Have you ever been to Brazil"? –Perguntei-lhe se conhecia o Brasil.

– No.

– "There are lots of birds in Brazil!" – Expliquei que havia muitos pássaros no Brasil.

– Não conheço – respondeu Ana.

– Qual o seu nome?

– Emilly Lewis.

– Como se soletra Lewis?

– L.E.W.I.S

– E o seu marido? – Perguntei.

– Phillip. Phillip Lewis.

– Em que ano você está, consegue identificar a data?

– Não sei... "my memory..." – respondeu, afirmando por certo que sua memória não estava boa.

– Sabe a data do seu nascimento?

– "April, 10th" – dez de abril – respondeu, mais uma vez em inglês.

– Qual ano?

– Vinte e oito.

– Como você chegou até essa floresta?

– De embarcação

– Pegou algum trem?

– Sim, trem e embarcação.

- Carro?

- Não.

- Existem automóveis?

- Não - completou a resposta.

- Carruagens?

- Sim. Nós sempre viajamos.

- Fazendo esse trabalho? Desenho? - Perguntei.

- Eu desenho - respondeu.

- Já publicou algum livro? - Perguntei novamente.

- Ainda não.

- Queremos mais espécies. Viemos ver o "torda".

- Quais outros pássaros vieram ver?

- Apenas um.

-Torda? - Perguntei.

- Sim.

- É bonito?

- Sim, "beautiful".

- São brancos e ... "brown". - brancos e marrons - completou.

- "How do you watch them? Do you use any instrument?" - Como vocês os observam? Usam algum instrumento - perguntei.

- "Binoculars", cadernos, grafite - respondeu Ana.

- Para desenhar?

- Sim - respondeu ela.

- Existem câmeras fotográficas?

- Sim, mas muito difíceis de trazer, muito grandes, desenhar é mais fácil.

- E vocês só usam grafite ou lápis coloridos?

- Eu faço no grafite e em casa pintamos.

- E seu marido, que faz, carrega as coisas?

- Ele faz anotações. Ele quer saber habitat, como vivem, onde vivem etc.

- Ah, sim, o hábitos e lugar onde vivem, as árvores, os ninhos, não é? – disse eu.

- E sua idade, qual é?

- "Twenty-eight" – vinte e oito, respondeu.

- "I've got a friend whose age is twenty-eight... and..." – eu tenho uma amiga que tem 28 anos, comentei, referindo-me à própria Ana Carolina.

- "No, no, thirty-eight" - corrigiu Ana, pois contava com trinta e oito anos e não vinte e oito.

- Você frequentou alguma universidade?

- Não, em casa - respondeu Ana, afirmando ser autodidata, completando a seguir:

- Queremos que as pessoas conheçam um pouco mais, queremos fazer livros, queremos que as pessoas conheçam um pouco mais. Vamos publicá-los, para ensinar. É importante. - Disse Ana.

- "Birdwatching" é uma atividade na Inglaterra, né? - Perguntei.

- Observar os pássaros, sim - respondeu ela.

- Tem filhos? Vocês estão casados há muito tempo? - Perguntei.

- Casados há dez anos, mas não temos filhos.

- Que você está fazendo neste momento?

- Ele está arrumando as coisas e eu estou procurando os pássaros.

- Há mais pessoas com vocês?

- Sim, estão descarregando, arrumando. Chegamos aqui. Vamos fazer nosso trabalho em alguns dias. Temos que passar a noite aqui no acampamento.

- O lugar é bonito?

- Yes. Uma floresta fechada. Mas tem algumas clareiras, para ficar.

- É possível ouvi-los - disse Ana.

- Os pássaros? - Perguntei.

- Sim.

- E você os desenha? - Mais uma vez perguntei.

- Sim.

– Esses pássaros que você desenha, é possível você fazer um desenho? – Perguntei, para saber se Ana poderia desenhar o que via.

– Sim, vai ficar bem simples – respondeu.

Então fui à busca de papel de desenho e caneta. Porém, como Ana havia estranhado a caneta, dei-lhe um lápis, obviamente mais adequado ao desenho. Assim, posicionei um grande bloco de papel adequado ao desenho – o qual eu já havia preparado há muitas semanas atrás, para o caso de necessidade, como está que ora se apresenta – em seu colo. Assim que tomou do lápis, Ana admirou-se que o grafite não sujava suas mãos. Expliquei-lhe, então, que eram revestidos de madeira, justamente para esse fim. Assim que fez a primeira tentativa de desenhar, como estava em estado de transe, Ana estava de olhos fechados e reclamou estar escuro. Disse-lhe então que abrisse os olhos, o que ela fez, depois de algum esforço. Nesse momento, seu olhar fica totalmente voltado para o bloco de desenho. Suas mãos começam a se acostumar com o lápis e por isso, pelo menos inicialmente, eu realmente não saberia dizer se ela conseguiria ou não desenhar. Porém, depois de alguns segundos, suas mãos percorriam o bloco em movimentos rápidos, fazendo surgir um bico, asas, o corpo da ave, depois os pés. A seguir desenhou os galhos, ramos de uma árvore e o fez muito rapidamente. Além disso, sabia realmente manusear os instrumentos do desejo. Por vezes, estranhava que aquele grafite que eu lhe havia entregado não era o mais indicado ou aquele ao qual estava mais acostumado, porque passava seus dedos e mãos sobre determinadas regiões de seu desenho, para produzir sombreado, sem resultado, porém. Percebi sua estranheza, mas nada disse. Ao final, assinou seu nome: Emilly. Depois, escreveu em letra de forma o nome do pássaro: TORDA. A letra era caprichosa. Sua assinatura em nada parecida com a de Ana Carolina.

Estávamos impressionados, Carlos, seu noivo ali presente, e eu. Nunca havíamos presenciado ou tentado algo do tipo, como o de fazê-la desenhar. Ana Carolina já havia cantarolado em língua distinta, já havia conversado, como na presente regressão, em língua estrangeira, mas nunca desenhado. E não foi sem muito esforço que o fez, porque pareceu-me que o transe em que se encontrava era bastante profundo –   porque a própria Ana diria mais tarde que era difícil sair daquela vida para conversar conosco – e isso dificultava que ela abrisse seus olhos e interagisse com o ambiente em que se encontrava ali em nossa sala.

Mais tarde, depois que já havia terminado seu desenho, pedi-lhe que Emilly continuasse com os olhos abertos e que me fixasse atentamente. Percebi naquele instante uma Ana bem diferente. Era séria, suas feições denotavam uma seriedade e postura bem diferentes dos de Ana. Não sorria e olhou-me com um olhar realmente bastante distinto.

Depois desse episódio, disse a ela que relaxasse e que voltasse à floresta.

– Nossa! Tem mais animais! – Completou, admirada.

– Ah, quais você vê? – Perguntei, dando sequência a nossa conversa.

– Pequenos animais. Ouçam! Vocês conseguem ouvi-los? Eles não gostam de estranhos. Se afastam. Alguns pássaros se aproximam, estão acostumados à área urbana, mas é melhor não chegarem perto. Vivem melhor. Nem todas as pessoas são boas.

– A maioria não é – comentei.

– Principalmente querem as peles e as penas também. Eu tento protegê-los, meu marido também – disse, preocupada

– Você pode descrever a si mesma? – Perguntei, curioso por saber sua aparência.

– "Oh, my"! – Disse Emilly, expressão resumida de *Oh my God*, a qual o leitor certamente identifica como a nossa interjeição, equivalente, por sinal "Oh meu Deus!".

– "Fat"? – Perguntei em tom de brincadeira, querendo saber se era gordinha.

– "No" – respondeu também enfática, mas sorrindo.

– Sou uma garota típica – completou.

– Branca?

– "Yes" – respondeu, mais uma vez em inglês.

– "Dark hair"? – Cabelos escuros? – Perguntei em inglês, mais uma vez.

– "No".

– "Blonde hair" – loira – respondeu, também em inglês.

– "A bit blonde"? – Só um pouco loira?

– "Yes".

– Cor dos olhos?

– Castanhos, "brown".

– Qual sua altura?

– Não sou alta... "small" – respondeu.

– Que está usando, vestindo agora?

– Para vir para cá, vestimos roupas adequadas: calças, botas, camisas de manga longa e ... "hat"– chapéu, respondeu.

– Vieram a cavalo?

– "Boat"– barco – respondeu.

– Muito bem. Vou tocar aqui no seu braço direito e vou falar com Ana Carolina. Um, dois, três. Pronto.

– Carol?

– Oi – disse Ana, sorrindo, saindo um pouco daquele torpor característico de seu transe.

– Treinando seu inglês, Carol?

– Um pouco difícil desta vez, difícil de me desligar dela – acrescentou, ainda recobrando plenamente seus sentidos.

– Não tem problema, posso deixar você dentro dela – disse eu, percebendo sua dificuldade em deixar aquelas imagens, as visões, a vida de Emilly.

E assim o fiz, fazendo-a voltar para Emilly, porque realmente lhe parecia difícil para ela conversa comigo como Ana Carolina. A partir daí, perguntei-lhe se tinha irmãos, mas afirmou que havia sido criada por uma tia, chamada Sarah, explicando que seus pais morreram num trágico acidente em Londres quando, pelo que ela mesma disse, algo desabou-lhe sobre as cabeças, acrescentando que, como era jovem, fora poupada dos detalhes, a fim de não impressionar e prejudicar a criança.

Assim, para lhe ser gentil e por realmente eu também estar impressionado com seus relatos, disse-lhe que lamentava o ocorrido, tendo ela me agradecido com um expressivo "Thank you".

Depois, nosso diálogo prosseguiu. Eu queria saber se Emilly era de família rica. Seus pais lhe haviam deixado recursos, mas seu marido é que era detentor de mais posses. Além disso, ganhavam com o fruto de seu trabalho, com os desenhos, pinturas e relatos da vida selvagem.

Evidente que, se ganhavam dinheiro com tal atividade, meu primeiro pensamento foi de que talvez fornecesse gravuras e esboços para editoras e que, uma consequência natural, seria que lançassem seu próprio livro. Assim, Emilly afirmou-me que estavam em vias de finalizar um livro que, provavelmente se intitularia "Birds of England" - Pássaros da Inglaterra.

Assim continuamos nossa conversa:

– "Do you speak French, Emilly"? – Perguntei, a fim de saber se falava francês.

– "No". Só inglês?

– Já está bom. Meu marido conhece mais, fala outras línguas.

– Ele está por perto? – Perguntei, para saber do marido.

– Sim, fazendo anotações.

– O que você está fazendo agora?

– Observando um casal de pássaros. São muito bonitos. "Very beautiful" - completou em inglês.

– Conhece esses pássaros?

- São os mesmos. Isso demora, os desenhos têm de ficar perfeitos. Toda observação é importante.

A partir daí, estabelecemos interessante diálogo, falando sobre biologia, ecologia, cavalos, um autor chamado Thompson. Conversamos também sobre futebol e sobre um tema inevitável: a rainha da Inglaterra.

Depois, avançamos dez anos na vida de Emilly Lewis, Ana se viu num navio, em viagem para mais uma expedição, desta vez para a África.

Se lembrou também do nome do livro que publicaram, um livro de capa amarela, "The Birds Observations", a observação dos pássaros, autoria de "Phillip, Emilly and Thomas", sendo Thomas um amigo e pesquisador, o qual teria ajudado no término e publicação do livro. Quando perguntei a data da publicação, teve dificuldade em localizar, lembrando-se tratar-se do final do século XVIII ou início do século XIX.

Prosseguindo nosso diálogo nessa regressão, Emilly passou a relatar o naufrágio do barco em que viajavam rumo às Américas, naufrágio que ceifou a vida do casal Lewis. Na regressão, Emilly contou que a tempestade os pegara de surpresa e que uma imagem que a marcou foi ver seu marido enroscado em cordas, em meio a caixotes que boiavam nas águas turbulentas do mar revolto.

Por fim, ali pereceram, deixando órfão um filho pequeno, cujo destino não soube explicar, evidentemente.

Deixando essa vida para trás, depois dos procedimentos convenientes e adequados à saída do transe, voltava Ana para nosso convívio. Pouco depois, viria a me contar que, noutra regressão, quando ela havia se dirigido a uma das portas daquele seu corredor, viu-a envolta em uma luz verde, enquanto que imagens rápidas de um naufrágio lhe passaram pela mente e, nessas imagens, viu seu atual noivo envolto em cordas, caixotes, afogando-se nas águas turbulentas do mar revolto. Daí porque ela mesma associou este sonho às memórias do naufrágio desse barco, Saint Louis, onde pereceria Emilly e Phillip Lewis, seu esposo.

*

Terminada a sessão propriamente dita, aos poucos Ana foi despertando.

Depois que despertou completamente, sentada numa cadeira um pouco mais confortável, uma luz ainda suave inundava o ambiente. Ana ainda esfregava os olhos, acostumando-se a ela.

Eu estava sentado no sofá à sua esquerda, enquanto Carlos registrava em vídeo nossa conversa de frente para ela, sentado numa cadeira comum.

– Gente! – Exclamou Ana – ainda vejo a água.

– Ondas grandes, Carol?

– Nossa, que horror, coitada!

– Está tudo bem? – Perguntei.

– Não, não... está tudo bem! – Acalmou-me ela, pois eu estava preocupado com as lembranças que ainda poderiam estar bastante vivas em sua mente.

– Não me assustou, foi interessante! – Exclamou Ana, sorrindo e ainda esfregando os olhos não tão acostumados à luz.

- Interessante!? - Exclamei, virando-me para Carlos, admirando-me do equilíbrio que Ana tinha para encarar todas aquelas cenas.

- É horrível passar por tudo aquilo, mas ao mesmo tempo interessante poder ver hoje tudo isso.

- Entendo - concordei.

- Quer mostrar para ela? - Perguntou-me Carlos, referindo-se ao bloco de desenho contendo o desenho do pássaro que havia desenhado.

Assim, virei-me, para alcançar o bloco que eu havia colocado sobre uma mesinha situada à minha esquerda. Assim que lhe entreguei o desenho, perguntei:

- Você se lembra de tê-lo desenhado?

- Não, realmente não.

Enquanto Ana olhava para desenho, levantei-me para acender mais luzes ali da sala, a fim de facilitar-lhe o exame.

- Ana - comentei - você fez rapidinho esse desenho, não é, Carlos?

- Sim, muito rápido - respondeu ele.

- Repare sua assinatura ali ao lado - disse-lhe Carlos.

- Bonita - disse Ana sorrindo e completando dizendo que se tratava de uma emoção muito bonita também.

- Você desenhava muito rapidamente, Carol - disse-lhe eu.

– Ela tinha umas mãos bem delicadas – comentou Ana.

– Esta vida tem a ver com você, hein, Ana Carolina! – Comentei, por saber que Ana tem grande amor pela Natureza e pelos animais, haja vista ser médica veterinária. –E não gostava de circo – completei, lembrando-me que, em determinado momento, Emilly havia dito que não gostava de ver animais expostos em circos.

– Eu não gosto de circo até hoje! – Disse Ana.

– Olha, que legal, os traços dela, são bem diferentes do meu, ela tem aquele traço dos desenhistas, principalmente aqueles que fazem esboços rápidos, rabiscados. Meu traço tem menos rabiscos.

– Olha, Ana, ela queria um grafite diferente, não um lápis. Algo com o qual ela pudesse trabalhar melhor o desenho.

– Ah, sim, ela tinha um estojinho que abre assim – dizia Ana, fazendo o movimento de abre e fecha – cheio de grafites e acho que tinha uma coisa para apontar.

– Não era lápis, né, Carol?

– Devia ser um tipo de retângulo preto – comentou Carlos.

– Isso, um retangulozinho preto! – Concordou Carol.

– Que suja as mãos! – Comentei.

– Sim, isso mesmo, suja!

– Então, Carol, quando lhe entreguei o lápis, dizendo que lhe daria um pedaço de madeira com um grafite dentro, a primeira coisa que Emilly disse foi que não sujava as mãos.

– Que legal – dizia Ana, enquanto alisava o desenho à sua frente, em seu colo – lembro-me de estar desenhando, mas não me recordo do desenho que desenhava e vê-lo agora materializado à minha frente é realmente extraordinário.

– Você conseguiria identificar por onde ela começou o desenho, Carol? – Perguntei, curioso.

– Por onde ela começou... deixe-me ver... pelo bico!! – Exclamou, na maior certeza.

– Isso mesmo! – Disse eu – arrancando-lhe um lindo sorriso.

– Dá para ver que ela começou por aqui – disse, apontando para o bico do pássaro.

– Ela desenhava bem – completou Ana.

– Ela disse que era um esboço, alegando que o desenho definitivo, o qual seria pintado depois em estúdio leva tempo, demora – interveio Carlos.

– Sim, é verdade – recordei.

– Você conseguiria desenhar isto? – Perguntei, apontando seu desenho.

– Ah, vou demorar um pouquinho, viu – disse, mais uma vez sorrindo.

– Além de não ser bem o seu traço, não é? – Comentou Carlos.

– É, verdade, não desenho assim tão rabiscado.

– Ah, depois que você abriu os olhos! – Comentou Carlos, dizendo do espanto que ele sentiu com essa atitude dela, uma vez que em todas as regressões Ana sempre permanece com os olhos fechados.

– Não me lembro de ter aberto os olhos, realmente!

– Interessante que você nem sequer olhava para os lados, apenas olhava atentamente para o bloco de desenho.

– Sabe – comentou Ana – desta vez eu senti algo diferente. Eu sabia quem eu era, sabia diferenciar Emilly de mim mesma, mas eu não tinha muito controle, sabe. Ela é quem tinha mais domínio sobre mim, parece. Eu via o que ela queria ver, não o que eu quisesse ver. Foi uma experiência muito interessante.

– Será interessante você escrever sobre esta experiência, não acha?

– Sim – comentou – vejo as coisas dela, o caderno...

– Só teve o detalhe do naufrágio... – comentou Carlos.

– Gente! Por que não acabei feliz em algum lugar?

– Ah, a do vinho morreu bem – disse Carlos, para fazer graça.

– Sim, a do vinho morreu bem – concordou Ana, referindo-se à vida de Celina Solano na Espanha.

– Ah... mas quem disse que isso não é acabar bem? – Comentei, referindo-me a todo o conjunto de suas vidas, dessas lembranças.

– Ah, sim, além do mais, Emilly viajou muito, ela conheceu todos os lugares. É claro que, às vezes, para fazer uma viagem mais longa era difícil realmente! – Comentou feliz Ana.

- Precisamos fazer uma pesquisa de navios afundados no final do século XVIII - disse eu.

- Verdade, quem sabe não encontramos esse navio? - Comentou Carlos.

- Ainda bem que ela teve apenas um filho. Se tivesse tido mais teria sido mais difícil de viajar.

- Quem sabe não conseguimos encontrar o livro que ela disse ter publicado, qual era o nome mesmo? - Comentei.

- "Birds Observation" - respondeu Carlos - Interessante ela ter se lembrado do nome do livro.

- Estava na capa do livro, que era amarelinho, com um desenho na frente, mas sem pintar. Só o desenho em preto de um passarinho. O nome do livro escrito em letras bem grandes "Birds Observation", em preto, bem certinho, com algo escrito bem pequeninho em baixo, não sei dizer o quê. Mas dava para ver perfeitamente. - Disse Ana.

- Quanto ao caderninho dela, ela tinha dois: um menor e um maior - completou Ana - com o pequeno ela fazia esboços - finalizou.

- Então, Ana, seu noivo disse que você estava falando muito mais inglês do que você é capaz - comentei.

- Sim, imagine, você dizia "oh my...", nunca ouvi você usando essas expressões, muito menos com tanta naturalidade.

- Ah, eu sou ruim de inglês. Posso até entender essa ou aquela palavra, mas não sei repetir - disse Ana.

- Mas você falava espontaneamente - argumentei.

- Quando você perguntou da Índia, eu lembrei-me dos cavalos - disse Ana, mudando de assunto, pois certamente essa imagem vinha-lhe à mente.

De fato, durante a regressão, Ana tinha mencionado uma viagem à Índia, embora eu não tenha constado na transcrição dessa vida.

*

Bem, foi assim que se encerrou nossa breve conversa em torno da regressão de Emilly Lewis. Já era hora de nos recolhermos e, depois das despedidas usuais, regressamos aos nossos lares.

O PÁSSARO

Desenho de Ana Carolina

XXI

Emilly Lewis, por Ana Carolina

Esta seria a última das sessões planejadas, ansiosa como sempre, marcamos em um horário agradável a todos. Chegamos após um pequeno atraso devido à chuva forte que caia naquela noite. O professor nos esperava ansiosamente.

A sala estava preparada, uma cadeira inclinada confortável, luz baixa e delicada e uma música suave tocava ao fundo. Após os cumprimentos e de nos refazermos nos pingos da chuva, conversamos um pouco antes do processo de relaxamento, o qual teve início de maneira um pouco distinta. Pediu o professor que eu observasse objetos ao meu redor e que sentisse cada parte do meu corpo relaxando e se ajustando lentamente na cadeira. Porém, como já estou acostumada, quase nem percebi o momento em que mergulhei num transe bastante profundo.

Mais uma vez eu estava diante das portas de cores diferentes, naquele mesmo corredor. O professor pediu, como de costume, para que eu escolhesse uma e entrasse. Escolhi uma porta grande e bonita, uma cor laranja claro, quase salmão. Entrei, senti uma luz forte à minha volta, aos poucos meus olhos se ajustando a ela e, de repente, pude ver uma floresta. Era a vista do alto de uma região costeira, onde se distinguia um caminho de terra estreito que ia de um lugar mais aberto em direção a mata de vegetação mais densa. A imagem foi se aproximando dessa floresta, pude ver algumas pessoas caminhando por entre as árvores, em grupo. Estavam vestidas como exploradores, roupas compridas, botas, chapéus, carregando bolsas grandes. Havia uma moça, vestida como eles. Levava nas mãos um caderno. A imagem se aproximou um pouco mais e passei a ser aquela moça, como das outras vezes.

Estávamos caminhando em silêncio, usava uma calça marrom, presa por um cinto, podia senti-lo apertando levemente minha cintura. A barra da calça enfiadas dentro da bota, a bota na altura da canela presa firmemente. Usava uma blusa de mangas compridas presa por dentro das calças, possuía um pequeno babado na gola e o tecido era de espessura fina. Por cima da blusa havia uma espécie de colete com bolsos pelo lado de dentro. Podia sentir o peso de coisas guardas nesses bolsos enquanto andava.

Levava comigo, abraçada, um caderno com folhas amareladas aberto em uma página livre, na outra mão um pedaço de grafite. Anotava e desenhava tudo que podia. As mãos estavam um pouco sujas de preto. Cabelos castanhos presos, um tanto bagunçados e com franja comprida caindo lateralmente na testa.

Caminhávamos por uma estradinha estreita por entre as árvores, dois homens iam a frente abrindo caminho, cortavam alguns galhos, destruíamos o mínimo possível. O objetivo era chegar em um local na floresta onde seria possível observar determinadas espécies de pássaros.

Minha visão parou em uma pequena clareira no meio da floresta, os homens descarregavam nossos equipamentos. Montaríamos acampamento, ficaríamos por uns dias. O homem, o qual eu seguia, era alto, magro, ombros largos, forte. Tinha o queixo levemente quadrado com a barba rala por fazer. Era meu marido.

Ouvia voz do professor. Disse-lhe que havíamos chegado. Era inglesa, morava em Londres. Estávamos em uma floresta. Nosso trabalho era de observar a vida selvagem, principalmente os pássaros. Eu desenhava, meu marido pesquisava. Estávamos empolgados. O objetivo era aprender e transmitir conhecimento as pessoas, escreveríamos um livro.

Chamava-me Emilly Lewis e meu marido Phillip Lewis, tinha 28 anos de idade, estava casada havia 10 anos.

Viajávamos, estudávamos e observávamos os animais. Me sentia feliz, empolgada, podia sentir meu coração batendo rápido. Estávamos em uma floresta densa, poucas clareiras. Pegamos um trem e uma embarcação para chegar até lá.

O objetivo era observar o "torda", uma espécie, bico pequeno e reto, com penas brancas e marrons. Ainda posso vê-lo se fechar os olhos enquanto escrevo estas linhas. Ouvia o som que faziam enquanto voavam próximos de onde estávamos. Podia ouvir e sentir o vento batendo em meu rosto. Estava pronta para desenhá-lo.

O professor me pediu que eu fizesse um esboço do pássaro. Com um toque na testa pude ver e sentir um caderno grande nas mãos. Estendeu-me um grafite envolto por uma madeira, diferente do meu. As imagens ficaram um pouco diferentes por uns instantes, desenhei rapidamente. Contei que havia outros animais por perto, que se afastavam com a presença de humanos. Alguns pássaros se aproximavam. Gostava de saber que os animais não chegavam muito perto, para mim a maioria dos seres humanos eram cruéis com animais.

Fui criada por um tia, Sarah. Eu havia perdido meus pais ainda jovem, num trágico acidente. Parte de uma construção veio a baixo, atingindo-os fatalmente. Eu desconhecia os detalhes, pois era criança quando tudo aconteceu. Meu marido e eu tínhamos recursos, meus pais me deixaram um pouco de dinheiro e nossa casa, meu marido era mais abastado. Vivíamos bem, gastávamos com viagens e com nossas pesquisas. Ainda não tínhamos filhos, nossa vida era corrida. Esperávamos o momento mais propício.

Conversei bastante com o professor. Ele era curioso e contei sobre meu trabalho, meus estudos. Expliquei-lhe um pouco sobre o que sabia e sobre minha paixão pelos animais e a natureza. Falamos de tudo um pouco, eu gostava de dividir meus conhecimentos.

Avançamos dez anos à frente naquela vida, como das outras vezes a imagem foi se afastando, tinha uma ligação forte com ela, era mais difícil me separar dela do que das outras vidas, como se uma força, ou um laço, muito mais forte me prendesse a ela. Mas agora, imagens rápidas passavam diante de meus olhos, até que pude ver o mar. Estava no convés de um navio de passageiros rumo às Américas, de pé, junto ao gradil de estibordo. Eu sentia o leve balanço da embarcação, os sons e o cheiro do mar.

Em momento que não saberia precisar, fomos para os instantes finais daquela existência e tudo se passou de maneira muito rápida. As imagens foram se sucedendo e passando pela minha mente de maneira assustadora. De repente, vi Emilly tentando nadar desesperadamente em meio às vagas, afogando-se em seguida. Via vários objetos flutuando e afundando comigo. Vi meu marido se afogando, enrolado em cordas, sem nada poder fazer. Muita tristeza!

De repente, novamente, tudo escureceu. Era o professor me trazia de volta para minha vida de Ana Carolina. Aos poucos, depois de alguns procedimentos, fui tomando consciência de mim mesma e, finalmente, despertei.

Hoje vejo que tenho muito de Emilly, não apenas por ter podido viver um pouco de suas emoções e compartilhado seus sentimentos, mas também por compartilhar do mesmo amor e respeito pela Natureza e pelos animais. Vejo que, sem Emilly, eu talvez não fosse quem sou hoje.

Todas essas experiências me ensinaram algo novo, me fizeram crescer e me encontrar comigo mesma. Tornei-me uma versão melhor de mim, tenho certeza. Por isso, a palavra que resume tudo o que sento é gratidão. Gratidão pela vida, pelas vidas enfim, por tudo que elas nos proporcionam, pela oportunidade de crescer e melhorar.

XXII

Lyz

Catharina, Merina, Domitila, Giovanna Arelli, Winna, Celina, Anna Scott e Emilly Lewis são os muitos nomes de uma só pessoa: Ana Carolina.

Propositalmente, deixamos para o final outra regressão com Ana, ocorrida bem no começo de nossas sessões de regressão.

Nessa sessão, pedi a Ana que buscasse a porta mais distante que conseguisse ou que quisesse alcançar naquele seu corredor de muitas portas e assim ela o fez. Porém, embora eu tivesse deixado inicialmente de lado essa vida dos relatos contidos neste livro, acabei mudando de ideia.

Nós acabávamos de terminar a sessão em que Ana Carolina havia regredido à sua vida na Grécia. Domitila tinha sido uma regressão reveladora, não apenas para mim, mas para Ana também, embora bastante cansativa para ela. Segundo Ana, foi com Domitila que ela soube o que é o amor de mãe.

A sessão teve início em hora bastante adiantada e, assim, sem rodeios, pedi a Ana Carolina que escolhesse a porta mais distante que pudesse ou quisesse alcançar naquele corredor. Iniciei nosso diálogo com a seguinte pergunta:

– Onde você está?

– Estou andando – respondeu Ana, enquanto olhava para os lados, o que era um pouco incomum para suas regressões.

– Consegue ver o lugar?

– Uma estrada de terra comprida.

– Você mora com mais alguém?

– Sim.

– É uma cidade?

– Essa estrada leva até minha cidade, uma estrada de terra.

– E como é essa cidade?

– Fica na beirada de um muro alto.

– Você tem família? Que idade você tem?

– Trinta anos.

– Homem ou mulher?

– Mulher

– Você é casada?

– Sim.

– Tem filhos?

– Ainda não.

– Se lembra de seu nome?

– Não entendo – respondeu Ana vagamente.

– Ana, vou tocar em sua testa e você irá buscar essas lembranças.

– Qual seu nome?

– Lyz.

– Seu nome é Lyz ou é como te chamam?

– Como me chamam.

Imaginei que seu nome fosse Elizabeth, mas não tínhamos tempo para explorar o assunto. Assim, continuei:

– Ana, vou tocar em seu braço direito e vou falar com a Carol dos dias de hoje.

– Olá, Carol, viajou mais um pouco?

– É mais difícil de ver aqui, é uma cidade com um muro em torno, as casas mais ricas ficam de um lado, as mais pobres de outro, há um castelo... não, é uma casa grande mais no centro. Ali tem um muro e do lado de fora casas bem simples. Tem cavalos.

– Você consegue ver o rosto das pessoas?

– Rostos claros, mas não muito. Todos os homens usam barba, ninguém faz a barba. As mulheres são sujinhas, eu também sou.

– Você tem dentes?

Perdoe-me o leitor se a pergunta pareceu estranha à primeira vista. Porém, o que ocorre durante as regressões é que a pessoa em transe pode ter a fala mais pausada e, muita vez, não poder ver ou resgatar todas as imagens que a vida para a qual regride revela. Assim, para me situar no tempo e ter uma ideia da época em que se encontra essa vida, faço algumas perguntas que parecem sem muito nexo ou interesse, mas que vão ao encontro da minha curiosidade ou, quem sabe, possa vir a favorecer uma datação mais exata naquele momento. Na pergunta em questão, sobre seus dentes, eu realmente queria saber se, aos trinta anos de idade, em épocas remotas, a higiene bucal era adequada.

– Tenho, mas acho que não são muito bons – respondeu, confirmando minhas desconfianças.

– Não é uma situação boa essa em que você vive?

De fato, eu fazia uma suposição, evidentemente, baseando-me nas condições de seus dentes, porém talvez os dentes até dos mais abastados fossem malconservados.

– Só é diferente. Mas agora sinto o cheiro, cheira a estrume de cavalo. Mas não sou tão mal-arrumadinha, só um pouco sujinha.

Quando fala que sente o cheiro, Ana quer dizer que, até aquele momento, pelo que conhecemos das regressões dela, ela só tinha imagens e sons, ou seja, apenas o sentido da visão e da audição estavam presentes, mas agora, presumimos, as lembranças olfativas também se apresentavam.

Porém, caro leitor, ainda que fosse uma vida que merecesse mais exploração, fomos obrigados a interrompê-la. Muita informação haveria de vir daquela vida, mas já era muito tarde e eu sabia dos compromissos de Ana e Carlos para o dia seguinte. Além disso, Ana já havia passado por uma regressão um tanto cansativa e eu não tinha intenção de abusar de suas faculdades.

Por isso, decidi interromper aquela regressão e por fim àquela sessão:

– Ana, agora iniciaremos uma contagem de um a dez e, ao final, você despertará, sentindo-se fisicamente refeita, mentalmente tranquila, em paz e segurança. Um... e sua respiração começa a normalizar. Dois... e sentirá seus pés e pernas. Três, perceberá mais facilmente suas mãos e braços. Quatro... tomará mais consciência sobre seu corpo e a presente vida como Ana Carolina. Cinco... perceberá os sons desta sala... seis... vagarosamente, sentindo-se bem e refeita, voltará. Sete... cada vez melhor. Oito... à medida que inspira e expira, vai abrindo os olhos. Nove... olhos abrindo, sentindo-se muito bem. Dez... e você desperta totalmente, de volta à vida presente.

*

Como o leitor pôde perceber, diferente das outras regressões, em que tivemos mais tempo para explorar as memórias de Ana Carolina, nesta regressão nosso tempo era escasso e, diante da dificuldade que ela demonstrava em resgatar as lembranças dessa vida, decidimos encerrar a regressão, sem delongas ou explicações. Sabíamos de antemão que muitas outras sessões se realizariam e que teríamos tempo de explorar as memórias de Ana relativas a essa vida. Porém, o trabalho e as regressões nos levaram a outras experiências e não tivemos a oportunidade de revisitar as imagens da vida de Lyz. Por isso, fica apenas o registro. Quem sabe ainda não teremos outras oportunidades no futuro de visitar essas memórias tão longínquas?

*

Hoje, quando escrevemos estas últimas linhas, mais conscientes estamos da maravilhosa experiência por que passou Ana Carolina, pela qual passamos, na verdade. Se para mim, mero coadjuvante nessas regressões, foi emocionante acompanhar cada etapa, cada vida de Ana Carolina, imaginem o que foi passar por todas essas memórias, lembranças, imagens, sensações.

Ver-se nesses lugares, nessas vidas, repletas de emoções, sentimentos, angústias e felicidades, deve lhe ter causado grande impacto emocional, mas Ana foi capaz de tudo vivenciar com equilíbrio e discernimento. São suas mesmas as seguintes palavras: "hoje, depois de passados doze meses dessas experiências regressivas, tenho mais consciência de quem sou, qual minha missão na Terra. Sinto-me em paz, mais completa, mais madura".

Assim, caro leitor, um ano se passou desde o nosso último encontro, nossa última regressão. Seguimos nossos caminhos: eu me mudei de cidade e, além das aulas, do trabalho como oficial de justiça, tenho intensificado meu trabalho no campo da hipnoterapia, além, é claro, de dedicar a maior parte do meu tempo livre no trabalho de escrita, não apenas deste livro, mas também de outros que aguardam o momento oportuno para serem também publicados.

Carlos e Ana continuam noivos. Carlos ingressou na carreira pública, no cargo desejado, tornando-se engenheiro ambiental, seguido por Ana que também venceu mais uma etapa em sua vida e hoje também faz parte do quadro do funcionalismo estadual.

Seguimos nossas vidas, portanto, mas ligados pelos laços da amizade e de algo mais: nosso livro.

Ontem, quando nos reunimos depois de longos meses de distância, chegamos ao final de mais um ciclo, mais uma etapa de nosso trabalho, pois escrevo estas linhas logo depois de ter nos reunido para tratar do lançamento de nosso livro.

Vejo que, chegados ao final deste nosso humilde projeto, muita coisa há ainda pela frente. Esperamos realmente dar conta de mais essa empreitada, qual seja a de divulgação deste despretensioso trabalho, para que alcancemos o maior número de pessoas, a fim de que todos tenham oportunidade de ler as histórias de vidas passadas de Ana Carolina e possam se inspirar nos relatos de suas experiências, porque são lições da vida.

Por fim, ao encerrar este último capítulo, esperamos que as experiências regressivas de Ana Carolina nos façam refletir sobre as razões da existência, não do ponto de vista filosófico apenas, mas, principalmente, do ponto de vista pragmático, ou seja, das realizações, dos deveres e caminhos que temos ainda de trilhar nesta e, talvez, nas vidas que ainda estão por vir.

Um grande abraço e muita paz a todos, são os nossos sinceros desejos.

Referências

American Journal of Public Health , intitulado "Women Healers of the Middle Ages: Selected Aspects of Their History " de autoria de William L. Minkowsli, MD, MPH, obtido do sítio da internet a seguir: https://ajph.aphapublications.org/doi/pdfplus/10.2105/AJPH.82.2.288.

"HRH Princess Margaret". Desert Island Discs. BBC Radio 4. 23 January 1981. Retrieved 2 May 2019.

"No. 25655". The London Gazette. 14 December 1886. p. 6305.

Queen Victoria's Journals - Wednesday 23 November 1887

"'The Duke and Duchess of York and Bridesmaids'". National Portrait Gallery.

"Hoelseth's Royal Corner". Spanish royal family links. Dag Trygsland Hoelseth. Archived from the original on 20 November 2007. Retrieved 11 November 2006.

The treaty in Spanish was published in the Gaceta de Madrid no. 150, of 30/05/1906, p. 829.

François Velde. "Royal Styles and Titles of Great Britain: Documents". Heraldica.org. Retrieved 25 October 2011.

"No. 27901". The London Gazette (Supplement). 3 April 1906. p. 2421.

Cunliffe, Frederick (13 May 1923). "Pope's Gold Rose for Queens - Victoria of Spain Gets One - King Henry VIII. Got Three - Article - NYTimes.com". Select.nytimes.com. Retrieved 25 October 2011.

Inside the Vatican of Pius XI, Harold Tittmann, p.32, Image book, Doubleday, 2004

"Tiara Thursday: The Cartier Diamond and Pearl Tiara". Blogspot: The Royal Order of Sartorial Splendor. 16 February 2012. Retrieved 11 July 2015.

"Magnificent jewels and noble jewels". Sotheby's. Archived from the original on 16 March 2016.

"Royal conch pearl and diamond Cartier bracelet fetches $3.4 million at Geneva auction; Trinket once belonged to Queen Victoria Eugenie of Spain". Daily News. AFP–Relaxnews. 15 November 2012. Retrieved 11 July 2015.

Bouza, Antonio L. (1990), El Ex–Libris Tratado general. Su historia en la corona española, Madrid: Patrimonio Nacional, ISBN 978-84-7120-142-3

Queen Victoria Eugenie's Arms, Ex libris Bookplates, bookplate-jvarnoso.blogspot.com

Werner Warmbrunn (1963). The Dutch Under German Occupation, 1940–1945. Stanford UP. pp. 5–7.

Loyd E. Lee and Robin D. S. Higham, eds. (1997). World War II in Europe, Africa, and the Americas, with General Sources: A Handbook of Literature and Research. Greenwood. p. 277.

Croes, Marnix (Winter 2006). "The Holocaust in the Netherlands and the Rate of Jewish Survival'" (PDF). Holocaust and Genocides Studies. Research and Documentation Center of the Netherlands Ministry of Justice. 20 (3): 474–499.

Jump up to:[a][b][c][d][e] "The Netherlands between the Wars, 1929–1940". History of the Netherlands. World History at KLMA. Retrieved 6 July 2013.

Hansen, Erik (1981). "Fascism and Nazism in the Netherlands, 1929–39". European Studies Review. *11* (3): 33–385.

Jump up to:[a b] TC-32 (6 October 1939). "Nazi Conspiracy and Aggression". *I*. Archived from the original on 27 September 2013. Retrieved 31 December 2012.

Abbenhuis, Maartje M. (2006). The Art of Staying Neutral: The Netherlands in the First World War, 1914–1918. Amsterdam: Amsterdam University Press. pp. 13–21. ISBN 90-5356-818-2.

Hirschfeld, Gerhard (1988). Nazi Rule and Dutch Collaboration: The Netherlands under German Occupation, 1940–1945 (1st English ed.). Oxford: Berg. pp. 12–4. ISBN 0-85496-146-1.

Jump up to:[a b c] Wubs, Ben (2008). International Business and War Interests: Unilever between Reich and Empire, 1939–45. London: Routledge. pp. 61–2. ISBN 0-415-41667-1.

Jump up to:[a b c d] "Dutch Army Strategy and Armament in WWII". Waroverholland.nl. Retrieved 6 July 2013.

"The Germans attack in the West". World War 2 Today. Archived from the original on 21 January 2015. Retrieved 6 July 2013.

Amersfoort, Herman; Kamphuis, Piet, eds. (2005), Mei 1940 – De Strijd op Nederlands grondgebied (in Dutch), Den Haag: Sdu Uitgevers, p. 64, ISBN 90-12-08959-X

"Dutch Armoured Cars type Landsverk". Waroverholland.nl. Retrieved 6 July2013.

"Battle of the Netherlands". Totally History. Retrieved 7 July 2013.

Jump up to:[a b] "Capitulation". Waroverholland.nl. Retrieved 7 July 2013.

Amersfoort, Herman; Kamphuis, Piet, eds. (2005), Mei 1940 – De Strijd op Nederlands grondgebied, Den Haag: Sdu Uitgevers, p. 192, ISBN 90-12-08959-X

Various. Belgium: The Official Account of What Happened, 1939–40. London: Belgian Ministry for Foreign Affairs. pp. 32–6.

Jump up to:[a b c] Teeuwisse, Joeri (17 March 2006). "Life During The Dutch Occupation – Part 2: May 1940, The Battle For The Netherlands". Armchair General. Retrieved 27 December 2015.

Jump up to:[a b c d e f] "May 14 - Rotterdam". Waroverholland.nl. Retrieved 7 July 2013.

Ashton, H.S. (1941). The Netherlands at War. London. pp. 24–5.

"The Royal Dutch Navy". Waroverholland.nl. Retrieved 7 July 2013.

Richard Z. Chesnoff (2011). Pack of Thieves: How Hitler and Europe Plundered the Jews and Committed the Greatest Theft in His. Knopf Doubleday. p. 103.

Samuel P. Oliner (1992). Altruistic Personality: Rescuers of Jews in Nazi Europe. Simon and Schuster. p. 33.

Vliegvelden in Oorlogstijd, Netherlands Institute for Military History (NIMH), The Hague 2009

Presser, Jacob (1988). Ashes in the Wind: the Destruction of Dutch Jewry. Arnold Pomerans (translation). Wayne State University Press (reprint of 1968 translated edition). ISBN 9780814320365. OCLC 17551064. Page number needed.

Wasserstein, Bernard (2014). The Ambiguity of Virtue: Gertrude van Tijn and the Fate of the Dutch Jews. Harvard University Press. pp. 98–100. ISBN 9780674281387. OCLC 861478330.

Jump up to:[a b] Rozett, Robert; Spector, Shmuel (2013). Encyclopedia of the Holocaust. Taylor and Francis. p. 119. ISBN 9781135969509. OCLC 869091747.

Stone, Dan (2010). *Histories of the Holocaust*. Oxford University Press. p. 42. ISBN 978-0-19-956680-8.

Jump up to:[a][b] Croes, Marnix (Winter 2006). "The Holocaust in the Netherlands and the Rate of Jewish Survival" (PDF). Holocaust and Genocide Studies. *20*(3): 474–499. doi:10.1093/hgs/dcl022.

Tim Cole, Review: Hitler's Bounty Hunters: The Betrayal of the Jews, English Historical Review, Volume CXXI, Issue 494, 1 December 2006, Pages 1562–1563, https://doi.org/10.1093/ehr/cel364

De 102.000 namen; Amsterdam: Boom, 2018. ISBN 9789024419739. Reviewed in "De 102.000 Namen – Boek met alle namen vermoorde Joden, Sinti en Roma". Historiek.nl (in Dutch). 26 January 2018. Retrieved 31 January 2018.

Georg Tessin, Verbände und Truppen der deutschen Wehrmacht und Waffen SS 1939–1945, Biblio Verlag, vol. 2 for *Nederland*, vol. 14 for *Landstorm Nederland*

Abraham J. Edelheit and Hershel Edelheit, *History of the Holocaust: a handbook and dictionary* (1994) p 411

Mark Zuehlke, *On to Victory: The Canadian Liberation of the Netherlands*, (2010) p 187

Van der Zee, Henri A. (1998). *The hunger Winter: Occupied Holland, 1944–1945*(1st ed.). Lincoln: University of Nebraska Press. p. 182. ISBN 0-8032-9618-5.

"THE KINGDOM OF THE NETHERLANDS DECLARES WAR WITH JAPAN". ibiblio. Retrieved 2009-10-05.

Ministerie van Buitenlandse zaken 1994, pp. 6–9, 11, 13–14

http://www.awf.or.jp/e1/netherlands.html

Soh, Chunghee Sarah. "Japan's 'Comfort Women'". International Institute for Asian Studies. Retrieved 2013-11-08.

Soh, Chunghee Sarah (2008). *The Comfort Women: Sexual Violence and Postcolonial Memory in Korea and Japan*. University of Chicago Press. p. 22. ISBN 978-0-226-76777-2.

"Women made to become comfort women - Netherlands". Asian Women's Fund.

Poelgeest. Bart van, 1993, Gedwongen prostitutie van Nederlandse vrouwen in voormalig Nederlands-Indië 's-Gravenhage: Sdu Uitgeverij Plantijnstraat. [Tweede Kamer, vergaderjaar 93-1994, 23 607, nr. 1.]

Poelgeest, Bart van. "Report of a study of Dutch government documents on the forced prostitution of Dutch women in the Dutch East Indies during the Japanese occupation." [Unofficial Translation, January 24, 1994.]

Twomey, Christina (2009). "Double Displacement: Western Women's Return Home from Japanese Internment in the Second World War". Gender and History. *21* (3): 670–684. doi:10.1111/j.1468-0424.2009.01566.x.

Ryan, Cornelius (1995). *A Bridge Too Far* (First paperback ed.). New York: Simon and Schuster. pp. 26, 39. ISBN 0-684-80330-5.

Banning, C. (1946). "Food Shortage and Public Health, First Half of 1945". Annals of the American Academy of Political and Social Science. *245* (The Netherlands during German Occupation): 93–110. doi:10.1177/000271624624500114. JSTOR 1024809.

Goddard, Lance (2005). *Canada and the liberation of the Netherlands, May 1945*. Toronto: Dundurn Group. ISBN 1-55002-547-3.

See <u>World War II casualties</u>

See <u>World War II casualties#endnote Indonesia</u>

"Diepe verontschuldigingen' van Rode Kruis" [Deep apologies of the Red Cross]. *De Telegraaf* (in Dutch). 2017-11-01. Retrieved 2018-10-14.

"Dutch Red Cross apologizes for failing Jews in WWII". *The Times of Israel*. *AFP*. 1 November 2017. Retrieved 2018-10-14.